FDI技术溢出对中部地区能源效率的影响研究

邓 瑜 著

中国环境出版社 · 北京

图书在版编目（CIP）数据

FDI 技术溢出对中部地区能源效率的影响研究/邓瑜著.
—北京：中国环境出版社，2014.12
ISBN 978-7-5111-2111-0

Ⅰ. ①F… Ⅱ. ②邓… Ⅲ. ①外国投资—直接投资—影响—能源效率—研究—中国 Ⅳ. ①F206②F830.59

中国版本图书馆 CIP 数据核字（2014）第 242916 号

出 版 人　王新程
责任编辑　殷玉婷
责任校对　尹　芳
封面设计　金　喆

出版发行　中国环境出版社
（100062　北京市东城区广渠门内大街 16 号）
网　　址：http：//www.cesp.com.cn
电子邮箱：bjgl@cesp.com.cn
联系电话：010-67112765（编辑管理部）
010-67187041（学术著作图书出版中心）
发行热线：010-67125803，010-67113405（传真）
印　　刷　北京中科印刷有限公司
经　　销　各地新华书店
版　　次　2014 年 12 月第 1 版
印　　次　2014 年 12 月第 1 次印刷
开　　本　787×960　1/16
印　　张　10.25
字　　数　180 千字
定　　价　39.00 元

前 言

能源是人类社会生存的重要物质基础，是国家的重要战略资源。目前中国已经成为世界第一能源消费大国，而过多的能源消耗正在影响着我国国家能源安全。能源效率提高是减少对能源依赖的重要途径之一，它正在成为新时期国际竞争战略的重要因素。中国的能源效率不但关系着能源安全问题，也关系到中国能否继续实行可持续发展战略。在 2006 年的政府工作报告和“十一五”规划纲要中，中国首次把单位 GDP 能耗指标列入国家发展目标，计划在五年内将能源强度降低 20%左右。我国政府已经关注并且越来越重视中国能源效率问题。

中部地区（包括湖北省、河南省、湖南省、江西省、山西省和安徽省）人口众多，2010 年人口在全国的比重达到了 26.8%，而土地面积为全国的 10.7%。以第二产业为主的产业结构和以煤炭消耗为主的能源消费结构，造成了经济的发展过多依赖能源的消耗，而中部地区能源利用效率与东部相比存在一定差距。经济发展水平和自主研发投入不但低于东部地区，而且远远低于世界平均水平。外商直接投资（FDI）技术溢出效应能够促进东道国技术水平的提高。本书从国际视角研究 FDI 技术溢出对中部地区能源效率的影响，这对于提高中部地区能源利用效率，完成节能减排目标，缓解能源消耗带来的环境压力，都具有非常重要的意义。本书进行了如下研究：

(1) 研究了中部地区 FDI 和能源强度的区域差异性。运用变异系数和泰尔指数分析了中部地区 FDI 和能源强度的差异性，研究了中部地区 FDI

和能源强度之间的关系。

(2) 运用面板数据分析FDI与能源强度之间是否存在长期的均衡关系。利用计量面板协整和回归分析研究了中部地区能源强度和FDI之间的关系，分析了FDI和能源强度之间是否存在长期均衡关系，FDI是否对能源强度产生了影响，两者之间是否存在负向关系。

(3) 研究了FDI技术溢出效应对中部地区全要素能源效率的影响。运用技术溢出模型探讨中部地区的FDI技术溢出是否促进了全要素能源效率的提高，利用DEA模型测算了中部地区的全要素能源效率，再利用Tobit模型研究FDI技术溢出对中部地区全要素能源效率的影响。

(4) 研究了日本、美国和欧盟等发达国家和地区在能源效率方面的政策，分别从法律法规、财税以及研发等方面总结了他们的能源政策。以期为我国在制定节能减排政策方面提供决策参考的依据。最后根据发达国家的能源效率政策给出了相应的启示。

通过以上研究可以得出以下结论：① FDI和能源强度之间存在长期的均衡关系，并且LFDICV是LEICV格兰杰的原因。② 利用面板计量协整模型对国内研发、能源强度和FDI进行分析，研究发现这三者之间存在长期稳定的关系。回归结果表明能源强度和FDI直接存在显著的负相关关系，即外商直接投资的引进可以有效降低中部地区的能源强度。③ 外商直接投资技术溢出可以有效地促进中部地区全要素能源效率的提高；从回归系数来看，国内研发对于能源效率的提高相对于国外研发能更有效提高能源效率。

由于作者水平有限，书中难免出现疏漏和错误，恳请读者批评指正，在此表示衷心的感谢！

目 录

第 1 章　绪　论

1.1　研究背景

当今世界，能源和环境是全世界共同关注的问题。能源是人类活动不可或缺的物质基础，也是经济发展和社会进步的重要动力。随着全球范围内能源消费快速增长，资源短缺和环境恶化等问题，已经日益严重影响到经济和社会发展全局。节能减排、提高能源效率是解决能源问题的有效途径。节能甚至被称为与煤炭、石油、天然气和核能等能源并列的“世界第五大能源”。世界能源委员会（WEC）称全世界能源效率的改善潜力巨大且可行。国际能源署（IEA）也认为，提高能源效率是满足能源需求最便宜、最快捷、最环保的方法，在各类能源技术中，改善能效的技术应当是最优先考虑的。能源政策的三大目标是安全供应，保护环境和经济增长，而实现这三大目标的首要途径就是提高能源效率。IEA 在 2010 年 5 月出版的《能源技术展望 2010》明确指出，提高能源效率对碳减排的潜力要超过电力部门的脱碳潜力，成为减排的第一大来源，也是短期内促进减排的最重要任务。目前，尽管我国已经将节能减排作为基本国策，然而消费结构不合理、科研投入低等因素严重制约我国能源效率的进一步提高。

1.1.1　能源消费结构不合理

我国能源的特点是总量丰富，分布不均，开发难度大。由于资源禀赋条件，煤炭依然在中国能源消费存量中占据绝对主导地位。长期以来能源消费形成以煤为基础、多元发展的结构。随着经济的发展，我国的能源供求缺口呈现扩大趋势，能源进口依赖度快速上升。从能源结构来看，煤炭资源占总能源消费量的比重呈现出缓慢下降趋势，石油、天然气的消费比重小幅上升。

我国能源消费结构中，煤炭的比重远远高于其他国家。首先，作为世界第一大煤炭生产、消费国，为了保持经济高速增长，煤炭消费比重居高不下。其中主要用于发电，特别是燃煤火电占据主体位置。水电、风电、核电是清洁、高效的能源，但我国占比很小。大量使用煤电不仅造成煤炭生产压力加大、温室气体排放增加等问题，也加剧运输紧张。其次，我国煤炭的平均利用效率较低，工业锅炉效率低于国际平均水平 15%～20%，而火电厂平均煤耗高 20%，城镇居民生活燃煤热效率平均仅为 20%。煤炭直接燃烧也是成为我国烟尘和二氧化硫污染的主要原因。资源禀赋特点决定了我国的能源消费结构排序与能源利用的高效和清洁程度恰好相反，不合理的能源结构，已成为制约国民经济持续发展的重要因素。

表 1.1　全球 2010 年一次能源消费量前十位的国家统计

国家	一次能源消费量/Mt 标准油	占一次能源消费量的比重/%					
		石油	天然气	煤	核电	水电	可再生能源
世界总计	12 002.35	33.6	23.8	29.6	5.2	6.5	1.3
中国	2 432.2	17.6	4	70.5	0.7	6.7	0.5
美国	2 285.65	37.2	27.2	23	8.4	2.6	1.7
俄罗斯	690.94	21.4	53.9	13.6	5.6	5.5	0
印度	524.23	29.7	10.6	52.9	1	4.8	1
日本	500.87	40.2	17	24.7	13.2	3.8	1
德国	319.46	36	22.9	24	10	1.4	5.8
加拿大	316.7	32.3	26.7	7.4	6.4	26.2	1.1
韩国	254.97	41.4	15.1	29.8	13.1	0.3	0.2
巴西	253.92	46.1	9.4	4.9	1.3	35.3	3.1
法国	252.39	33.1	16.7	4.8	38.4	5.7	1.3

注：资料来源，《中国矿业年鉴 2011》。

1.1.2　能源利用效率低

20 世纪 90 年代开始，全球产业结构重新布局，为了追求产业和技术升级，以及结构转型，发达国家逐步将高能耗、低能效产业转向发展中国家转移。尽管高耗能产业的发展，对于地区经济、资源开发利用、劳动就业、财政税收、外贸出口等都起到了一定的作用。但同时也造成了资源浪费、环境污染和生态恶化等后果。

从表 1.2 可以看出，我国单位能耗的产出 GDP 水平从 1980 年的 0.9 美元/kg 标准油，上升到 2010 年的 3.8 美元/kg 标准油，30 年间上升了 2.9 美元/kg 标准油。总的来看，我国能源效率在 1980—2010 年基本呈现出稳定上升的趋势，但从 1998 年以后，增速开始下降。从 2002 年以后，能源效率又开始呈现下降的趋势。从 2006 年以后能源效率又开始上升，但是增长速度比较缓慢，能源效率进一步提高的阻力较大。尽管能源效率逐步提升，但与发达国家相比还具有较大差距。2010 年，我国每单位能源消耗所产出的 GDP 3.8 美元/kg 标准油，而日本的每单位能源消耗所产出的 GDP 则为 7.9 美元/kg 标准油，是中国能源效率的 2 倍，英国为 10.1 美元/kg 标准油，则为中国能源效率的 3 倍。其他几国的能源效率也远高于中国的能源利用效率，由此可以看出，我国能源利用效率偏低，远远落后于发达国家。

表 1.2　每单位能源消耗所产出的 GDP　　单位：美元/kg 标准油

年份	中国	日本	法国	德国	意大利	英国	加拿大	美国
1980	0.9	6.3	5.8	4.4	8.0	5.1	2.9	3.2
1981	0.9	6.6	5.9	4.5	8.3	5.2	3.1	3.4
1982	1.0	6.8	6.2	4.7	8.5	5.3	3.1	3.4
1983	1.0	6.9	6.2	4.7	8.6	5.5	3.3	3.6
1984	1.1	6.6	6.0	4.7	8.7	5.6	3.3	3.7
1985	1.2	7.0	5.8	4.7	8.8	5.5	3.4	3.8
1986	1.3	7.1	5.9	4.8	9.0	5.6	3.4	3.9
1987	1.4	7.2	5.9	4.8	8.9	5.8	3.4	3.9
1988	1.5	7.2	6.2	4.9	9.0	6.1	3.4	3.9
1989	1.5	7.3	6.2	5.2	8.9	6.2	3.4	4.0
1990	1.5	7.2	6.2	5.5	9.1	6.2	3.6	4.1
1991	1.6	7.4	5.9	5.9	9.0	5.9	3.5	4.1
1992	1.8	7.3	6.1	6.2	9.1	6.0	3.5	4.1
1993	1.9	7.2	6.0	6.2	9.1	6.0	3.4	4.2
1994	2.1	7.0	6.3	6.4	9.4	6.2	3.5	4.3
1995	2.1	6.9	6.2	6.4	8.9	6.4	3.5	4.3

年份	中国	日本	法国	德国	意大利	英国	加拿大	美国
1996	2.3	6.9	5.9	6.3	9.0	6.3	3.5	4.4
1997	2.5	7.0	6.3	6.5	9.0	6.7	3.6	4.5
1998	2.7	6.9	6.3	6.6	8.9	6.8	3.7	4.7
1999	2.9	6.8	6.5	6.9	8.9	7.0	3.8	4.7
2000	3.1	6.9	6.7	7.1	9.1	7.2	4.0	4.8
2001	3.3	7.0	6.6	7.0	9.2	7.3	4.1	4.9
2002	3.3	7.0	6.6	7.1	9.2	7.7	4.2	4.9
2003	3.2	7.2	6.6	7.1	8.9	7.7	4.1	5.1
2004	3.1	7.1	6.7	7.2	8.9	7.9	4.1	5.2
2005	3.1	7.3	6.8	7.3	8.8	8.1	4.2	5.3
2006	3.2	7.6	7.2	7.8	9.3	9.3	4.3	5.6
2007	3.4	7.8	7.4	8.3	9.6	10.0	4.4	5.6
2008	3.6	8.1	7.4	8.3	9.7	10.0	4.5	5.8
2009	3.7	8.0	7.4	8.3	9.8	10.2	4.6	5.8
2010	3.8	7.9	7.3	8.4	9.6	10.1	4.8	5.9

注：数据来源，世界银行数据库，http：//data.worldbank.org/。

1.1.3 FDI 规模不断扩大

随着经济全球化和知识经济的迅猛发展，外商直接投资（FDI）已成为世界各国特别是发展中国家获取国外先进技术的重要渠道。引进 FDI，发展中国家除了可以增加资本存量、提高投资效率和提供就业机会之外，更重要的是还能以较低成本、较快速度获得国外先进技术，促进本国的技术进步和经济增长。在过去 40 年中，外商直接投资快速增长。不论是发达国家还是发展中国家政府都热衷于制定优惠政策，以吸引跨国公司到本国投资。

改革开放以来，中国经济快速发展，无论从经济规模还是经济增长速度来看都取得了举世瞩目的成就，并吸引了全球 FDI 的流入，成为全球主要的外商直接投资流入国。FDI 规模持续保持高速增长。从引进规模的时间路径来看，从 1985—1989 年的年均 24.9 亿美元，上升到 2008 年的 1 083 亿美元。2009 年中国实际利用外资 940 亿美元，跃居全球第二大国。在对外贸易方面，2008 年全国外商投资企业货物出口为 8 000 亿美元，占当年出口总额 57%左右。可以说 FDI 已成为我国经济发展重要组成部分，也是对外贸易中的主导力量，对中国经济、社会的发展产生深远的影响。

尽管通过 FDI 的溢出效应促进了本国的技术进步，但是粗放、低效的引进模式同样带来了高能耗、高污染等问题。因此，要注重引进外商直接投资的质量，发挥 FDI 的技术溢出效应，提高我国能源利用效率，促进我国经济的可持续发展。

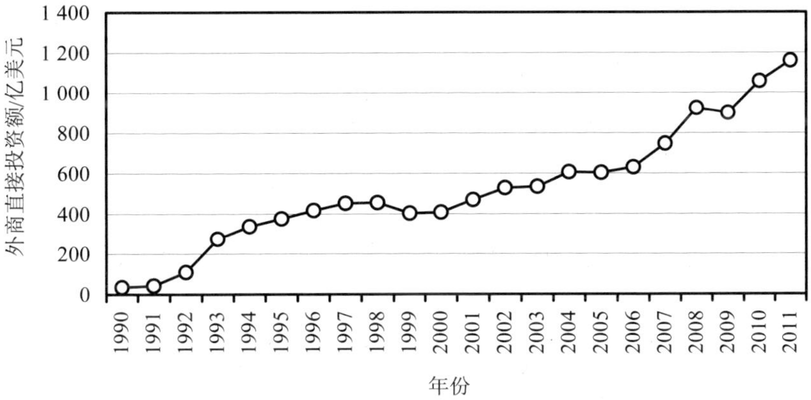

图 1.1 我国外商直接投资变化趋势（1990—2011 年）

1.1.4 二氧化碳排放规模扩大

粗放型的经济增长方式导致了能源资源浪费和环境污染等问题。粗放型的经济快速增长造成了二氧化碳的大量排放，目前，我国二氧化碳排放总量已经超过美国成为世界二氧化碳排放第一大国。作为全球最大的温室气体排放国，美国、欧盟等要求中国加入全球减排协议框架，减排压力巨大。所以，中国应该改变经济增长方式，提高能源利用效率，进而降低二氧化碳排放量。表 1.3 显示，我国二氧化碳排放量从 2003 年的 45.25 亿 t，上升到 2009 年的 76.87 亿 t。而美国的二氧化碳排放量从 2007 年的 58.28 亿 t，降低到 2009 年的 52.99 亿 t。其他发达国家，例如法国、意大利、英国及加拿大等国的二氧化碳排放量与中国相比，还不到中国的十分之一。可见，我国二氧化碳的排放规模在不断扩大，排放压力也在不断增大。

二氧化碳排放所产生的环境问题本质上是一个能源消耗问题。从总量上看，我国能源消耗量大，且呈现快速增长的趋势；从效率层面看，我国能源效率低于国际平均水平，单位产出消耗的能源多，导致单位产品的二氧化碳排放量多；从结构层面看，我国同等能源消耗量中煤炭、石油超过 80%，清洁能源的比重低，导致二氧化碳排放高。以上 3 个因素同时存在，导致我国二氧化碳排放量的不合理增长。这就要求我国要不断提高能源利用技术，逐渐减少对化石能源消化的依赖，努力发展新能源，不断引进发达国家能源利用技术，进而降低二氧化碳排放量。

表 1.3 主要国家 2003—2009 年二氧化碳排放量 单位：万 t

年份	中国	加拿大	美国	日本	法国	意大利	英国
2003	452 517.7	55 318.5	568 166.4	123 739.2	38 714.7	46 834.9	54 064.0
2004	528 816.6	55 234.9	579 076.1	125 965.9	38 970.7	47 276.8	54 040.9
2005	579 001.7	56 307.2	582 639.4	123 818.1	39 182.6	47 338.0	54 199.0
2006	641 446.3	55 023.3	573 761.6	123 129.8	38 228.1	47 017.5	54 204.5
2007	679 180.5	56 080.2	582 869.7	125 116.9	37 568.4	46 112.9	52 863.1
2008	703 771.0	54 497.5	565 683.9	120 768.6	37 699.3	44 736.7	52 224.7
2009	768 711.4	51 393.7	529 956.3	110 113.4	36 335.6	40 083.6	47 457.9

注：数据来源，世界银行数据库，http：//data.worldbank.org/。

1.1.5 研发投入不高

在日益竞争的经济全球化的今天，一国的竞争力体现在科学技术的竞争力。科技不仅能够促进经济的发展，而且能够体现综合国力。发达国家在全球化竞争中，能够保持稳定的经济发展和科学技术的领先，主要是不断加大在科技上的研发投入，一方面是保持经济稳定前行的基础；另一方面，是保持在产品上的竞争力。研发投入是科技进步的动力和源泉，它不但影响一个国家的科技水平和竞争力，而且影响社会的进步和经济的可持续发展。所以，以美国为代表的发达国家能够以经济占据世界前列，主要是因为不断加大在科学技术上的研发投入。

发达国家不但投入大量资金用于提高能源利用效率，而且也注重可再生能源（例如核能、风能以及太阳能等）的开发和利用。与发达国家相比，我国在改善和提高能源效率方面的资本投入要远远低于他们。我国能源研发（R&D）经费占 GDP 的比重比较低，在 2000 年政府投资中，我国的比重仅占 0.006 8%，而其他发达国家明显较高，如日本（0.088%）、芬兰（0.047%）、法国（0.046%）、瑞典

（0.031%）以及澳大利亚（0.029%）。

技术进步是加快能源利用水平提高的关键要素。中国要建立环境友好型和资源节约型社会，发展低碳、低能耗以及低污染的增长方式，最为关键的就是要不断引进和吸收国外发达国家的先进能源利用技术和低碳技术，逐步发展和扩大第三产业，不断完善和优化产业结构。我国的技术水平总体偏低，虽然在 R&D 上的投入逐年增加，但是占 GDP 的比重还是偏低。表 1.4 中显示，我国 R&D 经费占 GDP 的比重从 1994 年的 0.64%上升到 2009 年的 1.7%，虽然比重不断上升，但与发达国家相比，还是不高。例如，美国 R&D 经费占 GDP 的比重在 1994 年就达到了 2.42%，并且在 2009 年的比重达到 2.9%；德国为 2.82%；日本的研发经费占 GDP 的比重更是在 1994 年就达到了 2.6%，到 2009 年时，该比重达到了 3.36%。由此可见，我国的研发投入占 GDP 的比重远远落后于发达国家。这就要求我国应不断加大研发经费的投入，这样才能更有利于提高我国的技术水平，同时也更有利于吸收国外发达国家的先进技术，进而提高我国的技术水平。

表 1.4 研发与试验发展（R&D）经费占 GDP 的比重 单位：%

年份	中国	英国	美国	日本	德国	法国	意大利	加拿大
1994	0.64	2.00	2.42	2.60	2.18	2.32	1.02	1.73
1995	0.57	1.94	2.51	2.71	2.19	2.29	0.97	1.72
1996	0.57	1.86	2.55	2.81	2.19	2.27	0.99	1.65
1997	0.64	1.80	2.58	2.87	2.24	2.19	1.03	1.66
1998	0.65	1.79	2.61	3.00	2.27	2.14	1.05	1.76
1999	0.76	1.86	2.66	3.02	2.40	2.16	1.02	1.82
2000	0.90	1.85	2.75	3.04	2.45	2.15	1.05	1.91
2001	0.95	1.82	2.76	3.12	2.46	2.20	1.09	2.09
2002	1.07	1.82	2.66	3.17	2.49	2.23	1.13	2.04
2003	1.13	1.78	2.66	3.20	2.52	2.17	1.11	2.03
2004	1.23	1.71	2.59	3.17	2.49	2.15	1.10	2.05
2005	1.32	1.76	2.62	3.32	2.48	2.10	1.09	2.01
2006	1.39	1.78	2.66	3.39	2.54	2.10	1.14	1.94
2007	1.40	1.80	2.68	3.44	2.53	2.08	1.16	1.89
2008	1.47	1.77	2.84	3.45	2.69	2.12	1.21	1.86
2009	1.70	1.85	2.90	3.36	2.82	2.26	1.26	1.92

注：数据来源，《中国科技统计年鉴》（1995—2011 年）。

1.2 研究意义

1.2.1 理论意义

在竞争日益全球化的今天，世界各国间的竞争是科技的竞争，科技代表一国的整体实力，发达国家能够处于世界经济的领先地位，主要是因为他们掌握了先进的科技。而先进科技的获得主要依赖于对研发的投入。但是对于发展中国家，一方面，因为资金的缺乏而造成对研发投入的不高；另一方面，要想获得技术的进步，就要不断引进国外发达国家的先进技术，进而提高本国的技术水平。引进发达国家的先进技术可以通过 FDI 和国际贸易等技术溢出渠道获得。我国是世界上最大的发展中国家，整体技术水平不高并且研发投入比例不大，这就需要我国不断通过 FDI 的技术溢出效应，吸收和消化发达国家的先进技术来提高我国的技术。FDI 与技术进步之间存在互为因果、相辅相成的循环关系，技术进步已经与引进外商直接投资和经济增长密切地联系在一起。能源消耗和经济发展之间的相互影响问题也一直是能源经济研究的重点。针对这种情况，研究 FDI 溢出对我国中部地区能源效率的影响，分析 FDI 带来的技术溢出效应能有效提高我国中部地区的能源利用效率，对于提高能源效率和减少能源消耗，更好地发挥 FDI 所带来的技术进步效应，最终促进经济增长，具有重要的理论意义、现实意义和应用价值。

科技进步是提高能源利用效率水平的关键手段。而技术进步的提高可以依赖于国内的自主研发和 FDI 以及国际贸易等技术溢出渠道获得。这就要求我国要不断提高自主研发投入的同时，还要不断加大引进外商投资，不但要注重“量”的扩大，更要注重引进外商投资“质”的提高。通过这两个渠道来提高我国的技术水平，有利于提高我国的能源利用水平，在一定程度上可以减少和降低对化石能源的依赖。提高能源效率不但关系到我国的能源安全问题，而且有利于建设环境友好型和资源节约型社会。中部地区经济发展水平落后于东部地区，并且产业结构以重工业为主，这在一定程度上要依赖消耗大量的化石能源，而化石能源的消耗就会排放大量的二氧化碳等温室气体，对环境造成很大的负面影响。所以，中部地区要充分发挥 FDI 技术溢出效应，通过引进发达国家的先进能源利用技术，来提高本身的能源效率。通过研究中部地区FDI技术溢出对能源效率的影响，可以拓展国际经济学以及能源经济学理论，具有重要的理论意义。

1.2.2 现实意义

目前我国正处于工业化和城镇化双重转轨的重要阶段，国内能源消费总量快速增长，第二产业特别是制造业发展迅速，使得能源的供需矛盾日益突出。作为发展中国家，我国的产业结构与技术水平较发达国家有很大的差距，能源的利用效率不高，能源消费强度远远高于世界发达国家，因此提高我国能源消费效率成为当务之急。通过引进FDI有利于推动技术进步、促进出口、增加税收、解决劳动力就业。然而，粗放、低效的引进模式，盲目追求引资规模、忽略引资质量的做法同样会导致能源利用效率低、资源浪费、环境污染等问题日益严重。同时，我国幅员辽阔，区域差异显著，不同区域外商直接投资促进的技术进步对当地能源强度的影响不同。

中部地区是我国重要的能源基地，自然资源储量丰富。目前的产业结构中，资源型产业贡献率高，工业部门组成中，重化工产业比重高，并且中部地区有良好的工业基础，又是承接东部发达省份产业转移的重要地区。然而，中部地区也存在高能耗、低能效、重污染等问题。能耗水平和碳排放水平均高于全国平均水平，而且差距呈现扩大的趋势。区域不平衡发展固然有其地域因素，也有过去国家规划的选择问题。区域差距过大，必然影响全国节能减排目标的实现。在可持续发展的背景下，作为相对落后的地区，中部地区在提高能源效率方面同时具有较高的投入产出比。因此，如何抓住节能低碳转型的契机，高效利用国内外资源，大力提高能源利用效率，在能源和环境双重约束下，实现经济快速增长，对于实现中部崛起以及可持续发展的战略目标具有重要现实意义。

1.3 研究设计

1.3.1 研究目标与研究方法

学者普遍认为外商直接投资（FDI）和进出口贸易是推动发展中国家经济增

长、提高能源利用效率的有效措施。然而实践表明，外商直接投资技术溢出效应对提高能效的作用并不总是显著的，不仅不同国家之间情况各异，同一国家不同区域之间也存在较大差别。中国作为最大的发展中国家，其复杂的区域差异格局也不容忽视。改革开放以来，国内外商直接投资取得了飞速发展。然而，不同地区FDI对能源效率的提高存在显著差异。特别是中部地区，尽管近年来FDI不断增长，然而能源利用效率相对较低并呈现一定的差异性。因此，探究中部FDI对能源效率影响差异性的原因，对于缩小地区能源效率差异，促进不同地区引进外资协调发展无疑具有重要的现实意义。本书针对我国中部地区外商直接投资对能源效率影响的不均衡局面，以能源经济学和国际经济学为基础，利用数量经济学等方法，研究中部地区FDI的溢出效应对区域能源效率的影响因素和传导途径。

1.3.2 研究内容

在全球经济一体化的背景下，一国获得技术进步有两个重要途径，分别是国内自主研发和国际R&D技术溢出。中国经济实力虽然比改革开放以前有了整体提高，但是在自主研发投入和诸多领域科学技术上与发达国家相比还有较大差距。所以，中国要提高自身的技术水平，一方面要加大自主研发，另一方面要通过FDI技术溢出效应获得。通过FDI渠道获得发达国家的R&D经费可以提高我国的技术水平，技术水平的提高又可以提高我国的能源效率，这对于降低对化石能源的依赖以及我国的能源安全都具有重要意义。中部地区煤炭、石油和水能资源禀赋较高，但是各个省份的能源状况差别很大。中部地区能源发展面临着能源利用效率不高、运输瓶颈制约、环境污染严重等形势。良好的资源条件并没有带来地区经济的可持续增长。要解决中部地区能源发展中的难题，必须从提高能源利用效率入手。而引进FDI是加快技术进步的主要途径，本书针对中部地区特有的资源禀赋和地域特点，研究了FDI对其能源效率的影响，主要展开以下几方面研究工作。

（1）中部地区能源效率和FDI区域差异研究

我国中部各地虽然地理位置相近，但经济结构、能源消费结构以及资源禀赋等方面存在一定的差异。本书采用分析区域差异的基尼系数和泰尔指数来分析中部地区的FDI和能源效率等方面存在的区域差异，进而研究能源效率和FDI之间的关系。

（2）中部地区 FDI 与能源效率关系研究

用 FDI 与 GDP 的比值来衡量一省利用外资的水平，并从中部六省（江西、山西、河南、湖南、湖北、安徽）的外资利用水平考察他们的 FDI 发展状况。分析了中部六省在能源利用的效率方面的差异。选取 1998—2009 年中部 6 个省份的样本面板数据，研究中部六省 FDI 和能源效率之间的面板协整关系，进而分析 FDI 与能源效率之间的关系，以及其是否能促进能源效率的提高。

（3）中部地区全要素能源效率测算

应用数据包络方法计算了中部地区的全要素能源效率。选取基于投入导向型的规模报酬不变 DEA 模型，以劳动力投入、资本存量、能源消费量作为投入量，国内生产总值 GDP 作为产出量，进而测算出中部六省 1998—2009 年的全要素能源效率。

（4）FDI 技术溢出对中部地区能源效率的影响

研究了国内研发和 FDI 技术溢出对中部地区能源效率的影响。利用数据包络分析方法得出的中国各省区 1998—2009 年的全要素能源效率值。本书利用 Torbit 回归方法研究了产业结构、技术进步、能源结构、工业结构等对全要素能源效率的影响。

（5）发达国家能源效率政策及其对中国的启示

研究了国外发达国家和地区（如日本、美国和欧盟等）在能源效率方面的政策，分别从法律法规、财税以及研发等方面总结了这几个国家和地区的能源政策，以期为我国在制定节能减排政策方面提供决策参考的依据。最后根据发达国家的能源效率政策给出了相应的启示。

1.3.3 技术路线

本书以能源经济学和外商直接投资（FDI）技术溢出理论为基础，分析了中部地区在能源利用效率以及 FDI 的区域差异；利用指数分析法计算了中部地区 FDI 与能源利用效率之间的差异；并综合应用面板计量经济学研究了外商直接投资对中部地区能源效率的影响；最后以国际 R&D 溢出模型研究了 FDI 技术溢出效应对中部地区能源效率的影响及提出了相关政策建议。本书的技术路线：

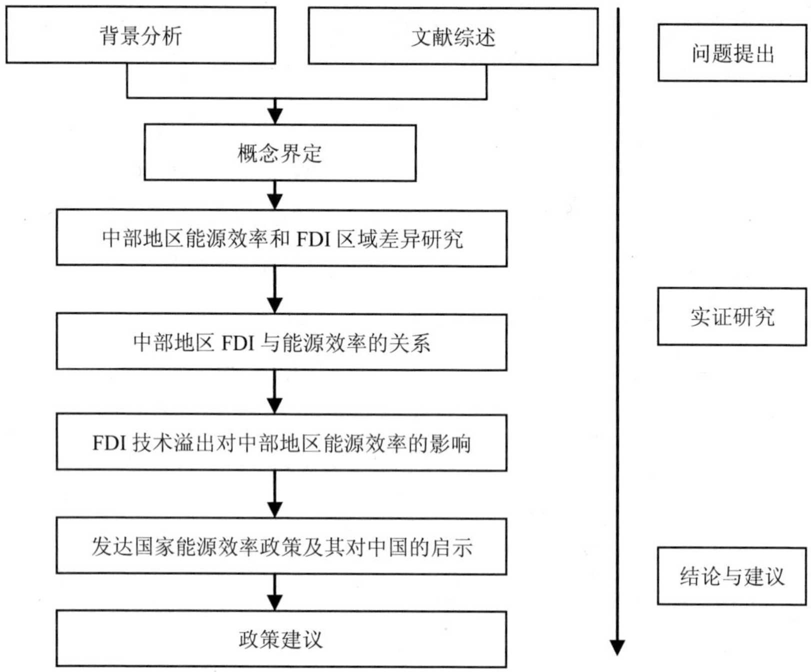

图 1.2　技术路线

1.3.4　基本概念界定

（1）外商直接投资

外商直接投资（FDI）作为现代资本国际化的一个重要形式，在全球经济发展中起到重要的作用。国际货币基金组织对 FDI 下的定义是，指一国的投资者将资本用于他国的生产或经营，并掌握一定经营控制权的投资行为。主要指对外直接投资者通过对另一国的企业进行投资，可以掌握或控制其投资行为，来影响另一国的生产或者经营。

中国改革开放 30 多年来，经济呈现出迅速增长的态势，对外开放是以我国与世界各国进行贸易往来和引进投资为特征来发展我国的经济。对外贸易规模的不断扩大和引进外商直接投资的规模和水平也在日益扩大，而这些对于发展我国经济起到了非常重要的作用。目前，我国每年引进外商投资的总量位居世界前列，引进的规模在不断扩大，在注重引进规模的同时，也在不断注重引进外资的质量。

先前引进外资往往会给我国带来环境资源的破坏以及能源消耗巨大的问题。

外商直接投资自改革开放以来，对于快速发展我国经济发挥着重要作用，一方面可以外商直接投资引进大量资金，来弥补我国经济发展资金缺乏的问题，另一方面可以引进许多大量的先进技术和管理经验，促进我国企业的技术进步和生产率的提高。目前，我国在引进外商直接投资上要更加注重质量的提高，只有这样才能更好地提高利用FDI的质量，充分发挥FDI带来的先进技术和管理经验，来弥补我国与发达国家在先进技术上的直接差距，这也是迅速提高我国技术水平的一个快速渠道。外商直接投资的重要性已经在我国经济发展历程中呈现出来，在以后的经济发展中，我国要进一步发挥FDI的作用。

（2）技术创新、技术扩散、技术溢出和技术转移

① 技术创新

技术创新是改进原有或创造新的产品、生产过程或者是服务方式的技术活动。熊彼特（1912）在《经济发展理论》中指出，创新是把一种从来没有过的关于生产要素的“新组合”引入生产体系。这种粗壮包括：引进新产品、引用新技术、开辟新市场、控制原材料新的来源、实现任何一种工业新的组织。迈尔斯（S.myers）和马奎斯（D.G.Marquis）（1969）的研究报告《成功的工业创新》中将创新定义为技术变革的集合。认为技术创新是从新思想、新概念开始，通过不断地解决各种问题，最终使一个有经济价值和社会价值的新项目得到实际的成功应用。

② 技术扩散

技术扩散是指通过市场或者非市场渠道将先进技术在拥有者和使用者之间进行转让或者传播的过程，使得技术使用者能够获得先进技术。企业可以通过自身的研发获得技术进步，但是这并不是唯一的渠道，还可以通过技术扩散来提高自己的技术水平。陆立军和郑晓碧（2009）认为，技术扩散是具有不同技术或技术水平的主体之间通过一定的方式和渠道产生的技术传递，技术扩散可分为技术转移和技术溢出，而技术转移属于自愿或者是有意识的行为，技术溢出则属于非自愿或者是无意识的行为。

③ 技术转移

技术转移是指将技术有目的地从一个区域以某种形式转移到另外一个区域，或者是技术的拥有者把技术转移给接收方，并且要以技术的接收方掌握这种技术

作为结束。当然这也包括国家之间的技术转移，同样也包括部门和部门之间的转移。也就是说，技术转移是先进技术在国家、区域、企业或者行业内部输入和输出的一个过程。由于技术转移是一种有意识或者是自愿的一种技术传播方式，其目标向对明确并属于主观的经济行为。技术转移的方式可以是技术在主体间有偿的转移，也可以是无偿地转移。举个例子，拥有先进技术的发达国家出于某种政治或经济目的，将技术无偿地提供给发展中国家，这就属于技术转移的内容。这样的例子还有，跨国公司在国外建立子公司，并将母公司的技术转移到子公司。

④ 技术溢出

技术溢出是一种非自愿的技术扩散途径，指技术拥有者在无意识的情况下，将技术在国家或者企业间进行的传播。这种技术扩散是非自愿的扩散，在技术扩散实现后，技术的接收方并不为这种技术转移付任何费用，所以，技术的拥有者也就没有在这种行为中获得任何利益。一般的技术溢出都是在拥有先进技术的发达国家或者企业将技术无意识的情况下转移到技术相对落后的国家或企业。

在开放的经济系统中，一国的技术进步不仅仅依靠自身的研发投入，而且可以依靠国际经济活动通过国际贸易、技术贸易和外商直接投资等渠道将发达国家的先进技术和国外的 R&D 资本扩散到技术相对落后的发展中国家。以商品贸易和外国直接投资为技术溢出渠道通常为物化型技术溢出，因为在国际贸易和外商直接投资中伴随着先进的机器设备在国家间的交易，而这些包含着先进知识技术的设备一旦被发展中国家使用，就可以提高这些国家的技术水平，进而促进技术进步和社会劳动生产率的提高。

通过以上这些概念名称的分析，可以发现这几个名称之间既有区别又有联系。技术创新不同于技术进步，它只是技术进步的一种途径。技术扩散包括有意识的技术转移和无意识的技术溢出。技术转移可以是无偿或者是有偿的技术传播，而技术溢出则是技术拥有者在无意识的情况下进行的技术扩散，也即在技术溢出的过程中并不能从中得到任何利益。

国内学者陈晓枫（1999）认为，可以通过两种途径产生技术溢出效应：一种是跨国公司将自身的先进技术输入到东道国，通过吸收、消化从而引起东道国的技术进步；另一种是伴随着技术转移活动过程，跨国公司通过 FDI 渠道发生的给东道国带来的技术进步。何洁（2000）认为，FDI 技术溢出效应是指 FDI 对东道国并在无意识下发生的技术转移，并且可以在产业间或者是产业内发生的。程宏（2001）认为技术溢出是跨国公司通过在东道国设立子公司而引起东道国技术进步的，由于是非自愿或者是无意识的情形下发生的，所以子公司并没有获得收益的一种技术转移过程。朱华桂（2003）、唐正康和缪克平（2003）也从外部性的角度来研究技术溢出效应，并且也对技术溢出持有相对一致的观点。

通过对技术溢出等相关概念的分析和界定，本书给出的技术溢出概念是：跨国公司通过在东道国设立的子公司，并在无意识的情形下将先进技术转移到东道国，但是外商投资企业并没有从中获得收益或利益。外商直接投资技术溢出的根本属性就是对技术及知识产生了外部性，东道国企业通过消化及吸收发达国家跨国公司的先进技术而促使本国企业的技术进步，但没有因为获得技术进步而对发达国家的跨国公司支付一定的报酬，是以一种无偿的方式改变了企业的技术水平。

本书是研究FDI技术溢出效应对中国中部地区能源效率的影响，研究的主要对象是发达国家通过FDI技术溢出渠道将R&D资本转移到中国。国外企业进驻中国，通过当地企业无意识地将先进技术转移到中国，并且当地企业通过消化和吸收这些新技术并运用到生产当中，从而发生了技术溢出效应。

第2章　理论与文献综述

2.1　FDI技术溢出理论

一般认为推动一国的技术进步通常存在三种方式：第一种，依靠自身的基础研究和技术创新；第二种，通过模仿和学习国外先进技术以及二次创新；第三种，通过引入外商直接投资（FDI）吸收外资带来的前沿技术，即外商直接投资技术外溢。通过对自身的研发投入来提高技术进步，虽然能够取得一定的效果，但是一般都要花费大量的资金并要承担一定的风险，同时得到国外的先进技术需要支付高昂的成本，并且由于发达国家对先进核心技术都有很大的限制，一般很难获得，所以就有依靠技术溢出渠道来获得发达国家的技术。

2.1.1　FDI技术溢出效应的实现渠道及特点

Richard E. Caves首次提出外商直接投资技术溢出的概念，他认为跨国公司通过在东道国设立子公司，并且将技术转移到子公司，进而促进东道国的企业技术进步和社会生产率的提高，但是因为是在无意识的情形下发生的，所以跨国公司并不能从中获得收益。外商直接投资不但能够给东道国带来大量的资金来满足东道国发展经济而产生的资金缺口，而且可以通过技术设备的进口及技术合作，将发达国家的技术引进到东道国，从而促进东道国的技术进步，而技术的进步又可以提高能源利用效率，降低对化石能源消耗的依赖。

Blomström与Kokko（1997）认为FDI溢出效应主要通过三种途径实现，即行业间的溢出效应、行业内的溢出效应和人员流动产生的溢出效应。Blomström

与 Kokko（1998）认为，外资公司进入本土不仅引进了先进的技术，而且将改变国内的市场结构和竞争格局，促使本土企业加快技术研发或模仿先进技术，以提高自身竞争力，形成竞争效应，使本土企业和外商投资的技术差距缩小，这是最明显的技术溢出效应。本土企业和外商直接投资企业还存在行业间的技术溢出效应。一方面，本土企业为外商直接投资企业提供资源、零部件及各种原材料。另一方面，外商直接投资企业通过向东道国企业提供先进的生产设备、人员培训以及先进的管理经验等方式实现技术溢出，这样可以促使当地企业能够获得发达国家的先进技术和工艺。外商直接投资公司向当地企业提供的先进生产设备里包含了先进技术，当地企业通过使用这些设备可以提高技术水平和劳动生产率，另外通过外商直接投资企业与当地企业间的专业技术人员的交流和合作，可以将跨国公司的技术和先进理念扩散到当地企业内部，进而提高本土企业的技术水平和管理经验。

能够实现 FDI 技术溢出效应关键因素之一就是母国和东道国之间存在一定的技术差距，这样才能形成技术在不同企业或国家间的转移。Sjöholm（1999）以印度尼西亚为研究对象，研究结果显示，技术差距越大，技术溢出效应也就越显著。其主要原因就是较大的技术差距空间为消化和吸收先进技术提供了可能，进而能够促使当地企业的劳动生产率和技术得到很大的提高。然而，也有一些学者认为技术差异过大时，本土企业的技术和管理现状难以吸收较高水平的技术，就使得很难发生较大的技术溢出效应。也就是说，当两个国家间技术差距越小时，技术溢出效应就越大。也就是说，当两个国家间技术差距过大，技术落后的国家根本无法或者很难理解技术先进国家的技术，这就给技术转移带来了很大的障碍，跨国公司的技术溢出效应的机会也就不大，另外，本土的人力资本水平也会影响 FDI 的技术溢出效应。Xu B（2000）发现外商直接投资公司溢出效应与本土技术和管理人员的受教育程度相关，受教育程度越高，FDI 的技术溢出效应也越明显。Borensztein（1998）等人研究了 1970—1989 年经济合作与发展组织（OECD）国家对 69 个发展中国家的技术外溢效应，结果发现，如果拥有充足的人力资本时，才能够获得发达国家的先进技术，另外，还有其他一些因素影响 FDI 技术溢出效应。

2.1.2 FDI 技术溢出传导机制

FDI 技术溢出的传导机制是指技术掌握着的 FDI 企业通过某些渠道将技术有溢出方传递给技术接收方企业的过程。分析技术溢出传导机制能够清楚地了解技术或者知识的溢出过程，能够为技术接收方进一步有效获得溢出技术提供理论依据和参考价值。Blomström 和 Kokko（1998）认为，跨国公司的技术溢出可以分为市场进入溢出和生产力溢出。市场进入溢出是指 FDI 企业凭借在国际市场上有效竞争力和国际营销经验，能够很快地进入国际市场。生产力溢出是 FDI 外资企业与当地企业间存在关联效应，本地企业能够通过模仿外资企业的先进技术或通过培训员工提高自身技术，进而达到提高本地企业生产率。根据研究以往可以把 FDI 技术溢出渠道分为四类：

（1）示范-模仿效应

示范-模仿效应（Demonstration-imitation Effects）是以内资企业与外资企业之间存在技术差距为前提，内资企业通过“干中学”（Learning by doing）的方式，不断通过模仿和学习外资企业的先进技术，管理经验以及营销经验，来提高内资企业的技术水平、管理和营销方面的经验，进而提高企业的劳动生产率，这种效应一般都是产生于产业内的技术溢出。示范-模仿效应是 FDI 技术溢出比较有效的技术溢出方式之一。

FDI 外资企业进入中国市场，不但能够带来先进的管理经验和营销理念，还带来先进的技术设备，这些新设备本身具有新技术、新工艺并能生产出新产品。就先进管理经验和营销理念而言，这些属于方法、策略或者是技巧，可以通过观察和学习就能够运用到企业运营中，而对于绩效管理、资本运作等方面，可以通过不断地加强学习和提高企业员工的知识水平，能够掌握和理解这些内容的精髓，进而可以有效提高国内企业的经营管理水平。如果国内企业通过引进国外发达国家的先进设备和工艺，就可以生产出具有竞争力的新产品，在生产过程中，不断地学习和掌握设备内涵的新技术，就可以在一定程度上掌握这些技术，可以通过模仿和学习来设计新的设备和对原有工艺和技术进行改进。如果国外企业对自身技术的严格保密，国内企业就很难获得这些技术，可以通过研究外资企业生产出的新产品，解析新产品的工艺，从而可以大大缩短对产品的研发周期，降低研发风险和减少研发投入，而通过模仿这些新产品设计出的产品，本身价格并不高，在市场上可以以较低的价格进行销售，就能很快地占领市场。

技术落后的企业通过示范-模仿效应来获得外资企业的先进技术和管理经验，要依靠企业内部的吸收、消化和学习能力，只有不断加强自身的学习能力和对先进技术的消化吸收，才能更好地掌握外资企业的先进技术和管理经验，才能更好地应用到企业的生产中，从而提升企业的生产力。

（2）竞争效应

竞争效应是由 Caves、kokko 先后提出的。发达国家的公司进入东道国，能够突破东道国对行业的限制，从而在一定程度上改变市场结构。即母国的跨国公司如果进入东道国市场，作为新的厂商或企业要进入新的市场就要承担一定的成本，但是原有的厂商对这个成本就无须承担。也体现了市场的原有厂商对进入新市场的企业一种阻力，即要支付一定的比原有厂家更多的额外成本。东道国企业在技术水平上相对落后，管理经验也比较落后，生产能力也不高，企业规模不大以及产品的竞争力也不高，在面对来自于发达国家的跨国企业，东道国在竞争力上基本缺乏优势，那些跨国公司就可以凭借技术、规模经济和政策上等优势很快占领东道国市场，打破原有生产企业对市场上的垄断，提高社会福利水平。

竞争效应还体现在跨国公司的进入可以带动当地市场的竞争，改变以往公司对市场的均衡状态，并且新进入的企业与当地企业之间会为争夺更多的市场资源和市场空间而采取更为激烈的竞争方式，当地企业就会面临巨大的压力。而这时，当地企业就会为了企业的生存，不断地在技术和管理上向发达国家企业学习，不断地引进跨国公司的新技术，不断地扩大企业内部创新，设计新产品和改善新工艺，不断地提高企业产品的竞争力，在与跨国公司企业间的竞争中占领更多的市场空间。但是，也会有一些当地企业因为企业产品缺乏创新和竞争力，在面临着巨大竞争力的市场时，不能迅速提高企业产品竞争力，就会逐渐被市场所淘汰。所以，外资企业进入东道国市场就会产生两方面的影响，一方面促进当地企业不断提高自身竞争力，在市场竞争中占有一席之地；另一方面，当地企业无法适应市场的竞争力，被市场所淘汰。Wang 与 Blomstrom（1992）、Glass 与 Saggi（1995）等都认为竞争效应是重要的，由于外资企业的进入可以提高内资企业的生产效率，或者淘汰一批内资企业，可以重新整合市场资源，优化资源的配置。同时，内外资企业之间在竞争中，由于技术溢出的存在在一定程度上缩小了两者之间的差距，跨国公司为了保持在市场竞争中的优势和地位，不断加大自主创新的投入力度，不断更新技术和设计新产品，而内资企业也会扩大研发投入，不断吸收和消化跨国公司技术溢出带来的先进技术，也就产生了新一轮的技术溢出和企业间竞争。

（3）产业关联效应

产业关联是指当发展某一产业而引起其他有关产业共同发展的一种效应。当外资企业进入东道国市场后，就会与当地企业之间产生一些联系，而这些联系就是产业关联效应。产业关联可以分为水平关联和垂直关联。水平关联是指行业内产业之间的联系；而垂直关联是指行业间产业之间的联系。垂直关联又可以分为前向关联和后向关联。日益竞争的全球化一体化经济不断加强，面临市场中信息成本、运输成本及员工成本，会加大企业在生产过程中的风险。在现代供应链环境下，跨国公司为了降低企业的生产成本，要选取当地企业的原材料及零部件，这样也就形成了内资企业和外资企业之间的后向关联，跨国公司的技术越先进，产业链就会越长，那么技术溢出效应也就越大。前向关联是外资公司的子公司向分销商销售产品或服务形成的。当地企业通过向外资企业购买投入品，可以提高自身的工艺水平和产品质量。如果跨国公司向购买设备的内资企业进行员工培训，提高员工对设备的进一步了解和掌握，就更能促进 FDI 的技术溢出效应。

对于垂直溢出，跨国公司通过与东道国企业之间的前后向关联，可以通过与上游或下游联系知识溢出中获得收益。外资企业必须购买当地企业的原材料或零部件，通过这种联系，内资企业就会为了满足外资企业对这些产品的要求而提高其工艺水平和产品质量，这时，外资企业就会提供相应的技术支持和人员培训，这些措施都会促进外商投资企业向内资企业产生技术溢出效应。同时，为了不断满足外资企业对产品的质量要求，内资企业就会不断地进行学习，吸收和消化外资技术来提高产品技术水平，也就不断地产生技术溢出效应。对于水平关联，外资企业在东道国生产和销售产品，而同行业的内资企业在这些产品上缺乏相应的竞争力，为了企业的生存和发展，就会通过一定的手段，例如，购买外资企业的产品进行研究，或派员工向外资企业进行学习和培训，这样就会产生水平上的技术溢出效应。

（4）人员流动效应

随着跨国公司在外国投资规模的不断扩大，由最初的设立销售公司、实施控股和独资等形式的逐渐变化，然后跨国公司在东道国设立研发中心，来满足当地市场变化所需要的新产品，提高企业在当地的竞争力。跨国公司就会在当地雇用更多的技术人员和管理人员，为了使这些员工能更快地适应外资企业的工作岗位，就会针对这些员工进行专业培训。培训方式有很多种，包括专题讲座、现场指导、外派强化培训以及海外培训等。这些员工所接受的跨国公司的专业培训后，就成为当地具有掌握相对先进技术的专业员工和高级管理人才，而这些员工一旦到当地企业去工作，就会成为当地企业内具有相当熟练能力的员工，这样就会形成因员工流动带来的 FDI 技术溢出效应。

由于近年来我国对外开放水平的不断扩大，与国外之间的贸易往来不断增加，并且越来越多的世界 500 强企业来中国进行投资建厂，为了推行本土化战略，这些跨国公司就会雇用更多的我国人员进入跨国公司的子公司工作，而这些员工一旦进入公司后就会接受相当专业的员工培训，基层员工就会掌握和熟练操作设备，中层或者高层就会掌握这些外资企业的先进管理经验和营销理念。当这些员工一旦流入我国本土企业就会把所掌握的技术和先进经验应用到企业的生产和经营中，从而更有利于技术溢出效应。

但是，如果外资企业提供很高的待遇和薪水，就会吸引更多的优秀的当地员工进入外资企业，这样就会产生技术溢出负效应。因为本身具有相当水平和经验的东道国员工进入了外资企业，而当地企业就会流失大批当地人才，对当地企业的发展就会产生负面影响，更不利于当地企业在产品生产和竞争力的提高，在与外资企业竞争中就会处于更为劣势地位，这种现象就是技术溢出的负面效应。

总体而言，通过以上对技术溢出的 4 个渠道的分析，可以看出，通过示范、模仿和竞争的技术溢出效应表现为水平溢出。而垂直溢出表现为前向和后向的关联。与水平溢出相比，垂直溢出渠道更为重要。员工流动的溢出途径也是产生技术溢出的一个重要渠道。这几个溢出渠道可以同时发生，也可以分开进行溢出，但很少有文献同时对这几个溢出渠道进行研究，也就很难发现这几个溢出渠道在产生技术溢出时，哪个渠道的技术溢出效应更大，哪个渠道技术溢出的效应相对弱一些。

FDI 技术溢出效应可以通过内资企业向发达国家的企业引进先进的技术设备，生产工艺和生产技术，使得内资企业的生产技术得到一定的提高，从而提高企业的生产效率，或者是进一步提高能源利用效率。另外，可以通过内资企业的员工流动，或者向外资企业派出自己的员工进行学习，或者外资企业通过水平关联和垂直关联产生的关联效应来提高内资企业的生产率，或者通过示范和模仿效应来提高内资企业技术，而这些都有提高内资企业的技术和生产率，同时因为先进技术的应用，可以更加充分利用化石能源，最终来提高内资企业的能源利用效率。

2.1.3 FDI 技术溢出效应的实证研究

相关领域的实证研究内容主要集中在 FDI 的技术溢出效应对于东道国技术进步的促进作用是否显著，影响程度如何，以及影响 FDI 技术溢出效应的影响因素有哪些。大多数文献的实证研究结论支持 FDI 技术溢出效应对技术进步的正向作用。王滨（2005）通过研究中国制造业发现，外商直接投资通过横向和前向关联效应对制造业的全要素生产率影响显著为正，即有效提高了中国制造业的全要素生产率。赵果庆（2006）通过对中国汽车业的研究，发现了 FDI 技术溢出效应对于我国汽车业有显著正向影响。徐侠和李树青（2008）研究了外商直接投资提升自主创新能力的途径，他们认为可以通过两个途径来提高企业自主创新能力：一方面，外资的进入程度正向影响了国内企业研发支出，进而提高了高技术产业的自主创新能力；另一方面，外商直接投资通过示范效应，来提升科研人员的待遇进而提升自主创新能力。李杏和 M.W.Luke Chan（2009）研究结果显示，外商直接投资和国家贸易都促进了技术进步。夏京文和李驰（2009）认为 FDI 促进了国内高新技术产业竞争力的提高。沙文兵和孙君（2010）通过对中国高技术产业的研究发现，外资企业的研发活动对高技术产业产生了技术溢出效应，进而提高了企业的创新能力；通过对技术溢出的影响因素分析发现，技术差距程度和行业的开放程度影响了技术溢出效应的程度。以上文献通过对 FDI 技术溢出效应的研究，结果都认为技术溢出对东道国的技术进步都产生了正向影响，即外资企业技术溢出促进了技术进步和生产率的提高。

另外一些研究则认为 FDI 的技术溢出效应对技术进步并不总起到促进作用，不同条件下其影响存在一定差异。赵奇伟和张诚（2009）从长期和短期分析了不同行业外商直接投资对不同地区技术效率的技术溢出效应，研究结果表明，短期内 FDI 会促进服务业的技术效率提高，但有效抑制了 FDI 技术溢出对制造业的效应。从地区来看，东部地区外商直接投资技术溢出效应要高于中西部地区 FDI 的技术溢出效应。王然等（2010）认为前向关联的外商直接投资技术溢出效应促进了下游行业的创新能力，而后向关联的外商直接投资技术溢出效应抑制了下游行业的自主创新能力，但是通过引进技术的二次创新会减弱这种负面影响。夏业良和程磊（2010）则对不同地区的 FDI 对工业企业技术的溢出效应进行了实证研究，结论表明，外国资本注入能有效地提高企业的技术效率，而中国港、澳、台地区资本的技术溢出效应并不显著；FDI 企业和本土企业技术差距过大会对国内企业技术进步的溢出作用产生负面影响。蔡伟毅和陈学识（2010）认为国际技术溢出效应受到不同地区产业发展水平的影响，因此技术进步必然存在区域差异。其中，FDI 技术溢出效应是东中部地区技术水平提高的主要途径，而对西部地区的技术进步尚未发挥明显作用。高山行（2010）等则认为跨国公司的技术溢出效应对中国企业的创新能力的改善并不明显，且在一定程度上还阻碍了中国企业自主创新能力的提升。其中，本土企业人力资源不足、国内外资本技术差距过大是导致这种情况的主要原因。

综上所述，可以看出针对外商直接投资技术溢出效应存在两种观点：其一，认为 FDI 技术溢出效应能够促进当地企业的技术进步和生产率的提高；其二，认为外商直接投资技术溢出效应抑制了当地企业的技术进步，所以针对 FDI 技术溢出效应并没有形成统一的观点，存在一定的争论。

2.2　FDI 技术溢出的能源效率机制

根据国内外的研究，FDI 技术溢出通过传导机制影响国家或地区的能源效率。即外商直接投资通过技术溢出效应，提高东道国的技术水平，而该国技术进步的提高可以促进能源利用效率的提高，如图 2.1 所示。

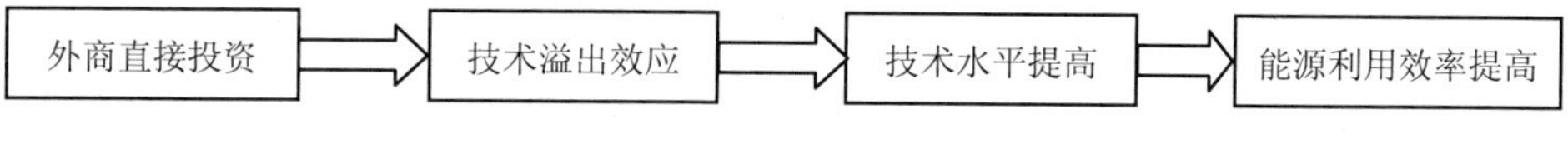

图 2.1　FDI 技术溢出效应对能源效率影响的传导机制

针对企业内部，外商直接投资的技术溢出效应的发挥有两个途径：一是企业直接进口外国的新型生产设备、引进国外先进生产技术、借鉴国外丰富的管理经验；二是投入大量资金对原有的机器设备进行改造升级、对落后的生产技术进行创新，两种途径都可以提高企业内部的技术水平，同时也就可以促进能源的有效利用。针对企业外部，外商直接投资的技术溢出效应主要体现在同一产业链之间关联行业和关联企业之间。利用上述企业之间的经济交往，通过产业关联效应、人员流动效应，促进上下游本土企业进行技术升级；通过示范-模仿效应和竞争效应促使本土同质企业提高技术的自主创新的能力，最终促进能源消费效率的提高。

2.3 能源效率影响因素

能源效率（energy effifiency）是指能源产出（或能源服务）与一次能源投入的比重。根据研究需要的不同，对“能源产出”与“一次能源”的界定也不尽相同。目前常用的衡量能源效率指标有两大类：经济能源效率和物理能源效率，又称为能源经济效率与能源技术效率。本书中所指的“能源产出”特指经济变量。近期，学术界的研究者重点关注的是如何识别和度量能源效率的影响因素，主要涉及经济结构变量、技术进步变量、产业结构变量、贸易等影响因素。

2.3.1 经济结构

一国经济结构的变动是促使能源效率变化的重要因素。国内外针对经济结构和能源效率变动关系的研究常见诸文献。Kambara（1992）指出中国从高耗能行业向低耗能行业的转变促使了能源效率的提高。Smil（1999）指出中国能源效率之所以能够提高，主要源于工业结构的变化，即重工业向轻工业转变。Sue Wing等（2004）认为美国的能源效率的提高是由于产业结构的变化和技术进步的提高，其中 20 世纪 80 年代以后能效提高则主要是由于产业内效率提高。同样，史丹（2002）也认为产业结构的变化同样对能源效率产生影响。周勇和李廉水（2006）在分析中国能源强度发展变化的三个阶段时，采用了适用性加权迪氏指数分解法，研究结果是不同的三个阶段，产业结构和产业能源强度因素对我国能源强度的影响不同。在前两个阶段产业结构和产业部门能源强度能够促进能源强度的下降，但在最后一个阶段这两个因素反而促进了能源强度的提高。刘凤朝、潘雄锋、徐国泉（2007）基于我国 1985—2003 年历史数据，分析了经济结构调整和产业能源利用效率对能源强度的影响，指出我国能源强度的下降是各产业能源使用效率提高和产业结构调整的共同结果，且结构变动对能源强度的影响波动较大。姚愉芳、沈利生（2007）还从预测的角度出发，应用投入产出模型计算了 2005—2010 年 5 种不同情景条件下，如何调整产业结构及部门间直接消耗系数，才能实现 20%的节能目标。刘畅、崔艳红（2008）利用我国区域能源强度的面板数据，研究了不同影响因素与能源强度之间的协整关系，结果发现产业结构和能源消费结构可以在很大程度上影响高能耗区域。

2.3.2　技术进步

大量的实证研究结论表明技术进步是推动能源效率提高的直接原因之一。Sinton 和 Levine、Lin 和 Polenske、Garbaccio 等、Zhang（1994）基于对 20 世纪 80—90 年代时间序列数据的实证研究发现：子部门能源效率的提高是行业能源利用效率提高的主要原因。Garbaccio（1995）利用因素分解法和投入产出分析法研究发现在促进能源强度下降方面产业技术进步非常有效。Jacobsen（2000）同时分析了技术进步及其相关政策对能源消费的影响。技术进步对能源利用效率的影响是外生性，在分析长期能源需求时，结果发现新技术发明的影响程度大于现有技术扩散的影响程度。

Conrad（2000）通过研究发现增加研发投入，即提高了技术进步可以有效提高能源利用效率。Fisher-Vanden 等（2004）认为提高企业的研发投入和对员工的培训可以促使能源强度的下降。Crompton 和 Wu（2005）认为技术和结构变化、能源价格上涨等因素是引起中国能源利用效率改善的主要因素。齐中英（2005）等认为化石能源技术先进程度决定了我国能源系统的技术水平。齐志新和陈文颖（2006）通过研究中国宏观的能源强度和工业部门的能源强度的下降原因，结果发现技术进步可以有效促进我国能源强度的下降。李廉水和周勇（2006）将广义技术进步分解为科技进步、纯技术效率和规模效率 3 个部分，并以 35 个工业行业为样本，研究了不同部分对能源效率的作用，发现技术效率是工业部门能源效率提高的主要原因，科技进步的贡献相对低些，但科技进步的作用有随时间增强的趋势。李世祥和成金华（2008）在计算中国13个主要工业省区1990—2006年能源效率变化情况时采用了数据包络分析（DEA）方法，结果发现在影响能源效率的因素中，技术进步和工业内部结构贡献度大、地位重要。陈军和徐士元（2008）利用计量经济学理论研究影响我国能源效率变化的因素，结果发现促进对FDI的吸收和消化、提高R&D投入以及加速人力资本形成能够有效提高能源利用效率。杨红亮和史丹（2008）通过分析中国各区域影响能源效率的因素，发现可以通过改善中西部地区的资源配置效率并依靠技术溢出效应能提高能源利用效率。

2.3.3 能源结构

能源消费结构也是在能源效率研究中较多考虑的因素之一。Murtishaw 和 Schipper 通过研究美国的能源效率改进的要素分析，发现能源服务需求的结构改变能够带来能源强度的下降。姜磊和季民河（2011）运用岭回归方法分析了技术进步、产业结构和能源消费结构3个因素共11个指标对能源效率的影响，实证结论表明在能源消费结构中，如果提高煤炭消费比重会降低能源效率，而如果提高石油消费比重则会提高能源效率。此外，经济发展水平、对外开放和市场化均会显著地改善能源效率。Fisher-Vanden 基于对中国2 500个能源密集型企业1997—1999年面板数据的实证研究，工业部门中煤炭消费结构比例的下降促进了我国能源强度的降低。董利（2008）利用中国省级面板数据研究能源强度问题时，选取了产业结构、能源消费结够、对外开放、市场化程度等因素，研究认为提高高效清洁型能源使用比重应更加有助于能源效率的改善。唐玲和杨正林（2009）利用DEA 方法测算了1998—2007年中国工业行业能源效率，研究结论认为调整能源消费结构将有利于提高工业能源效率。姜磊和吴玉鸣（2010）分析了能源消费结构对能源效率的影响，结果显示煤炭消费比重与能源效率呈负相关的关系，增加石油和天然气消费比重则有利于提高能源效率。尹宗成以及邱灵（2008）同样分析了能源结构、技术水平、产业结构等因素对能源效率的影响并得到了类似的结论。

2.3.4 对外开放

贯彻执行对外开放政策，积极招商引资，扩大外向经济规模，外商直接投资数额和国际贸易额不断增加，促进了我国的经济增长，通过技术溢出效应提升了科技水平。Sun（1998）认为中国自改革开放以后，通过引进先进国际技术和设备促进了中国能源利用效率的提高。董利（2008）分析了进出口贸易对能源效率的影响，结果发现对外贸易的增加促进了能效提高，但出口降低了能源使用效率。杭雷鸣（2007）认为外资的进入有利于我国的工业化进程的加快，促进了技术转让、提升了管理技能和国际营销技能，并显著提高了我国制造业的能源效率。李未无（2008）系统分析了对外开放影响能源利用效率的途径和方式，然后基于 1999—2005 年工业行业的面板数据进行实证研究，发现提高对外开放度对能源利用效率的具有积极影响，有 7 个高耗能行业对能源利用效率提高起着主要决定作用的，除化学行业外，其他 6 个对外开放度都远低于全部工业的平均水平。因此提出加大高耗能行业的对外开放程度以进一步提高能源利用效率的政策建议。

2.3.5 其他影响因素

通过以上研究发现，经济结构、技术进步、能源消费结构和对外开放水平等因素对能源效率产生了影响，另外还有一些因素同样对能源效率产生影响。Garbaccio（1995）研究发现能源价格也促进了企业能源效率的提高。Sinton 和 Fridiey（1998）提出中国能效政策应通过关闭电力行业的小电厂，关闭小型的低效矿物资源开采等来提高发电效率。师博和沈坤荣（2008）通过对中国全要素能源效率的研究发现城市资源配置机制因市场分割而扭曲，对地区工业规模经济的形成产生了阻碍。周建（2007）利用中国省份的面板数据研究发现能源效率具有空间特征，即能源效率间长期相互作用并相互影响。邵军和管驰明（2009）研究 FDI 规模、企业规模和市场竞争程度等要素能源效率的影响，发现这些要素都促进了能源利用效率的提高。樊茂清等（2009）利用投入产出数据研究了中国制造业中要素替代、国际贸易及技术变化对能源效率的影响，结果表明这些要素都对能源效率产生重要影响。综上所述，经济结构、技术进步、能源结构是提高能源利用效率的关键，能源价格、政府管制、地域特点也会在一定程度上影响能源效率的提高。

2.4 FDI 和能源效率的关系

外商直接投资在产生技术溢出效应的同时，也给经济相对落后的东道国造成了能源消费和环境污染等问题。Leonard（1984）认为发达国家较为苛刻的环境政策迫使其境内的高耗能、高污染产业向发展中国家转移。同时，发展中国家为了发展经济，吸引 FDI 而忽略了自身的环保要求和能耗要求。因此，FDI 对东道国的产业结构、能源消费和消费结构都会产生较大影响。这种现象也被称“产业逃离假说”和“污染天堂假说”。Mielnik 和 Goldemberg、Otavia 和 Josle（2002）基于对发展中国家样本数据的实证研究发现，FDI 的技术溢出效应显著降低了能源强度。Blackman 等（1999）归纳了我国在能源领域的引资政策，得出了外商直接投资有利于我国能源效率提高的结论。张贤和周勇（2007）分析了 FDI 和能源强度的空间关系，认为 FDI 具有显著的空间溢出效应，即 FDI 的溢出效应不仅有利于降低本地区的能源强度，而且对周边地区也有显著影响。尹宗成等（2008）利用我国 1985—2006 年的时间序列，检验了外商直接投资、人力资本、科技研发投资、产业结构对我国能源效率的影响。研究发现外商直接投资、人力资本和科技研发投资对提高我国能源效率具有显著的正向作用。孙浦阳等（2011）应用 1985—2008 年 74 个国家面板数据展开实证研究，验证了“引入 FDI 能够提高本国的能源利用效率、降低能源消费强度”这一假设。张敏等（2012）则从 FDI 来源地出发，检验了不同来源地 FDI 与中国能源消费强度之间的关系，结果显示不同来源地外商直接投资份额的变化对中国能源消费强度的影响程度存在显著差异。孙海（2009）分析了结构要素和效率要素对我国能源消费强度的影响，结果表明外商投资主要通过提高能源效率，从而促进能源消耗强度的下降。苏素和王波志（2011）基于 1995—2008 年中国省际面板数据，分析了能源消费强度和 FDI 规模之间的动态关系。叶素云和叶振宇（2010）同样利用我国 30 个省份 1996—2006 年的面板数据考察了 FDI 对区域能源强度的影响，其结果均表明，FDI 的技术溢出效应降低了省区能源强度。

不难发现，以上对于我国 FDI 与能源强度关系的实证研究均支持 Leonard 的假说。然而，Hubler 和 Keller（2010）采用最小二乘法对 60 个发展中国家

1975—2004 年的宏观数据进行检验，结果发现 FDI 流入能够降低能源强度的假设并不成立。齐绍洲等（2011）运用 DEA 方法测算出我国东、中、西部三大区域的全要素生产率，分析了各个区域外商直接投资的知识溢出效应及其对当地能源强度的影响，得出的研究结论为东部地区 FDI 的知识溢出对本地区能源强度的影响并不显著，中部地区 FDI 的知识溢出提高了本地区的能源强度，西部地区 FDI 的知识溢出能够显著降低能源强度。滕玉华和刘长进（2010）在研究中考虑了国内 R&D 资本、外商在华直接投资的 R&D 溢出效应和地区能源效率，认为 FDI 企业带来的研发溢出效应对东部和中部的能源效率有正向影响，而对西部能源效率没有显著影响。朱彤和刘叶（2010）研究发现在高技术行业，中国港、澳、台地区资本和外商资本均对能源效率的提升具有积极作用，而在低技术行业，外商资本对能源效率的提升具有消极作用。Yue Ting 等（2011）利用 LMDI 模型分解了 FDI 规模效应、结构效应以及 FDI 技术效应，结果表明 FDI 规模效应可以降低能源消耗强度，FDI 结构和技术效应并没有促进能源消耗强度的降低。M. J. Herrerias 等（2013）认为外商投资在降低中国能源强度扮演着重要的角色。

关于外商直接投资对能源效率和环境的影响存在不同的观点，一方认为由于 FDI 规模的不断扩大促进了当地经济的快速发展，同时也给环境保护带来压力，即经济的发展带来了环境污染，产生了环境污染的转移，传播途径是从母国到东道国，不利于节能减排；另一方认为 FDI 技术溢出促进了东道国环境生态技术和能源利用技术的进步，有利于东道国不断改善环境和提高能源利用水平，从而减少对能源消耗的依赖，有利于节能减排。针对 FDI 技术溢出效应对能源效率的影响，主要以外商直接投资占国内生产总值的比重作为变量，研究该变量对能源效率的影响，很少有学者利用国际 R&D 资本溢出模型研究 FDI 技术溢出效应对能源效率的影响，并且仅从行业角度进行分析，而针对中国中部地区角度研究的文献更是鲜有。所以，本书在对文献研究的基础上，利用国际 R&D 资本溢出模型研究 FDI 技术溢出对中部地区能源效率的影响。

2.5 能源效率的测算

2.5.1 单要素能源效率与全要素能源效率

目前，我们在衡量一个国家（或地区）的能源效率水平或节能潜力时，通常采用两类指标：能源经济效率指标和能源技术效率指标。能源经济效率是指能源投入和经济产出之间的比值（例如，单位GDP能耗、单位产品能耗等）。能源技术效率指能源经过加工转换生产出另外一种能源是的投入和产业之比（例如能源利用效率）。这是从衡量能源效率水平上分析能源效率的定义和分类。另外，可以根据在计算能源效率时，根据投入和产出的数量不同，分为单要素能源效率和全要素能源效率。单要素能源效率只考虑能源消耗和GDP的关系，而全要素能源效率不但要考虑这两者，还有考虑其他投入要素（例如劳动投入和资本存量投入）。

（1）单要素能源效率

根据Ishiguro和Akiyama给出的定义，能源效率是指在一个经济体中，提供能源服务所需的能源量。单要素能源效率就是不考虑其他投入只考虑能源这一种投入和一种产出，其值就是产出和投入的比值。1981年美国国会经济委员会提出了单要素能源效率的测算指标，即将用市场化的价格来表示能源投入和产出，能源投入（价格化后）/GDP（价格化后）。这个指标能够计算不同能源投入和产出的能源效率问题，而且可以测算出不同行业，不同企业以及不同国家间的能源效率。一般在测算国家或地区的能源效率时，都是采用国内生产总值和能源消耗之间的比值这个指标，这个指标可以清晰看出一个国家或地区的能源效率，可是由于价格因素的变化，可能使指标值不一致，不利于纵向比较。因为是仅仅考虑能源作为唯一投入，在一定程度上夸大了能源对经济的作用。Patterson认为单要素能源效率指标都存在一定的缺陷：单要素能源效率没有考虑资本、劳动力或者技术等投入要素，仅考虑能源一种投入，不能反映出其他投入要素对能源效率的影响。对于产出仅考虑GDP等单一的产出，没有考虑非期望产出（例如，二氧化碳等温室气体、废水等产出）。最后，当能源不同质时，不利于对消耗能源的加总。所以，针对以上对单要素能源效率测算时存在的这几点缺陷，有必要出现新的能源效率测算方法对能源效率进行计算。随后学者们提出了全要素能源效率的测算方法。

（2）全要素能源效率

考虑到在计算单要素能源效率存在的几种缺陷，就需要提出更好的改进方法来表达能源效率，这时全要素能源效率的测算方法就出现了。首先需要对“效率”进行更好的定义，Farrell 借用 Debreu 和 Koopmans 对资源利用效率的解释得到技术效率的概念，即在投入一定的情况下产出最大，或者是在产出一定的情况下投入最少。一般将有效率的点组成一个前沿面，通过测算观察点距离前沿面上的距离来反映效率的大小。全要素能源效率的度量包括两个方面：生产前沿的测算和相对距离的确定。生产前沿的确定方法有参数法和非参数法两种，相对距离的测定是根据 Shephard 的距离函数来计算。

2.5.2　参数法与非参数方法

生产前沿是用来衡量经济生产是否有效的重要分析工具。生产前沿是根据一组投入和产出观测值，来构造投入和产出组合的前沿面，这些投入和产出样本点可能位于前沿面上，也可能位于前沿面的下方，并且观测点越是离前沿面越近，其效率值就越大，根据的研究方法和角度，生产前沿可利用参数方法和非参数方法分析。

（1）参数法

参数法是一种计量经济学的数理统计方法，主要是确定设定好的生产函数来对参数进行估计，并将函数中的误差项区分为无效率和随机误差项。一般参数法包括随机前沿法和计量经济学法。目前越来越多的学者和专家应用随机前沿法对效率进行测算，它实际上是利用极大似然估计的参数方法进行估计。参数法的缺陷是把事先确定好方程或者函数选取，然后根据样本点的数据进行参数估计，这样就可能造成这个设定好的方程与经济事实不相符合，并且假设这些研究的对象是有效率的，但是往往会出现无效率的概况。

（2）非参数方法

非参数方法是来评价决策单元相对有效性的方法，也即是通过样本数据先模拟出一个生产前沿面，在这模拟的时候并不像参数法事先确定一个明确的方程，而是不假定参数函数，也不假定参数是有效率的，从这两个方面讲，非参数法弥补了参数法的两个缺陷。非参数法包括数据包络分析法（DEA）和指数法两种主要方法。对于数据包络分析，主要有两种方法：一种是基于投入角度，另一种是基于产出角度。基于投入角度的是说明在一定的投入情况下，产出越大越好；基于产出的角度是说在产出的一定情况下，投入越少越好。首先将投入和产出的点形成一个前沿面，位于前沿面下面的都是无效率的点，或者是说决策单元，并且里前沿面的点越远就说明该点的效率越小，也就越无效率。Charnes 等提出了一个基于规模报酬不变的模型。这个模型可以更好地为人们提供分析技术进步和技术效率。Banker 等提出了一种基于规模报酬可变的 DEA 模型，使得模型更加符合现实中的要求。

总而言之，单要素能源效率测算方法在计算能源效率时，方法更为简单，便于理解和掌握，但是它没有考虑资本和劳动力对国内生产总值的贡献，而是仅仅考虑能源这一单一的投入要素，同时也没有考虑资本和劳动力与能源之间的替代效应。通过一些专家学者的研究，可以发现，全要素能源效率能够很好地体现能源和资本以及劳动力之间的替代效应。虽然全要素能源效率比单要素能源效率在一些方面有一定的优势，但其本身也存在一定的缺陷和不足。所以，在进行对能源效率测算时，要考虑研究方法的适应性，进一步选取能源效率的计算方法。

2.6 本章小结

本章系统阐述了 FDI 技术溢出效应的理论渊源和实现渠道，从示范—模仿、竞争、产业关联，以及人员流动等几个方面分析了 FDI 技术溢出效应的传导机制；分析了影响能源利用效率的主要因素；探讨了 FDI 和能源效率之间的关系，发现目前有较多学者开始研究 FDI 与能源效率之间的关系，但是很少有学者从 FDI 技术溢出的角度研究 FDI 技术溢出对能源效率的影响；并对能源效率的测算方法作了进一步说明，主要介绍了能源效率的两种测算方法，即单要素能源效率和全要素能源效率，同时分析了这两种能源效率测算方法存在的缺陷和自身的优势，并且介绍了参数法和非参数法。参数法主要包括计量经济学和随机前沿，而非参数法主要包括数据包络分析和指数法两种方法。

第 3 章　中部地区能源效率和 FDI 区域差异研究

能源是区域经济发展的原动力，是区域稳定健康发展的关键要素。伴随着经济的快速发展，能源消耗也在快速增长。而以消耗大量能源为代价的经济发展方式，一方面影响一国的能源安全，另一方面也带来了环境和生态恶化的压力。我国中部地区虽然地理位置相近，但经济结构、能源消费结构以及资源禀赋等方面存在一定的差异。本章主要采用分析区域差异的基尼系数和泰尔指数来分析中部地区的 FDI 和能源效率等方面存在的区域差异，进而研究能源效率和 FDI 之间的关系。

3.1　我国各地区外商直接投资发展状况

改革开放 30 多年来，为中国带来了经济的快速发展。对外开放水平的不断扩大，促进了我国经济的稳步快速发展和技术的快速提高。外商直接投资是我国经济发展的重要基础，为中国带来了大量的资金、先进的技术和先进科学的管理经验，对我国各地区经济的各个领域都产生了深远的影响。表 3.1 给出了我国各省市外商直接投资 1997—2010 年的投资总量。通过根据表中给出的各地区外商直接投资数据对比来看，我国外商直接投资主要集中在中东部地区，特别是东部地区。2010 年超过 1 000 亿元的地区有辽宁省、江苏省、广东省，而西部一些地区在 2010 年的外商投资额有的还没达到 100 亿元。

在 2010 年，河南省利用外资达到了 422.87 亿元，居中部六省之首。而山西省最少，其值为 102.22 亿元，河南省比山西省多了 320 多亿元。从图 3.1 中部六省 FDI 变化趋势图可以看出，在 1996—2003 年，中部六省利用外资额上升较慢，而在 2004—2010 年，除了山西省，其他五省在利用外资方面，呈现快速上升阶段。

主要是因为对外开放水平的进一步提高，地方政府出台了相关的引资政策，以及相关基础设施的建设吸引了外部投资。在 2008 年以后，河南省 FDI 更是快速发展，超过湖南省成为中部引进外资第一省。可见，中部六省外商直接投资之间存在一定的差异性。

表 3.1 主要年份省际外商直接投资 单位：亿元

地区	1997 年	1998 年	2000 年	2005 年	2010 年	平均值
北 京	132.04	170.89	203.48	288.87	430.54	266.18
天 津	208.19	208.47	211.93	272.69	734.42	330.63
河 北	124.03	135.69	84.75	156.67	259.32	147.50
山 西	22.04	20.24	18.60	22.54	102.22	42.64
内蒙古	6.99	7.52	9.30	97.13	229.12	82.73
辽 宁	183.57	182.53	211.28	294.12	1 404.67	499.76
吉 林	82.91	47.88	40.85	54.16	86.65	57.21
黑龙江	85.83	72.04	68.78	118.53	180.07	111.64
上 海	398.59	301.18	261.60	561.13	752.84	494.43
江 苏	480.19	550.73	531.77	1 079.94	1 929.16	1 099.31
浙 江	124.63	109.12	133.50	632.62	744.76	442.54
安 徽	36.01	22.91	26.36	56.40	339.15	106.70
福 建	347.89	348.72	314.90	510.33	698.31	475.25
江 西	39.60	38.49	18.81	198.45	345.31	148.44
山 东	207.28	184.01	245.97	734.85	620.65	501.28
河 南	109.62	97.91	86.01	100.73	422.87	155.95
湖 北	118.47	160.95	78.12	178.97	274.16	163.12
湖 南	76.02	67.74	56.44	169.76	350.93	158.26
广 东	970.82	995.15	1 013.04	1 012.81	1 371.57	1 126.80
广 西	72.94	73.36	43.43	31.02	61.74	49.26
海 南	58.97	59.37	35.66	56.03	102.35	59.49
四 川	52.48	77.42	56.40	114.90	653.22	186.28
贵 州	11.47	14.99	16.18	8.82	19.97	11.86
云 南	13.68	12.06	10.61	14.21	89.97	25.98
陕 西	52.07	24.85	24.87	51.48	123.20	57.62
甘 肃	4.37	3.22	5.16	1.67	9.14	5.12
青 海	4.38	6.28	4.40	21.79	14.83	12.71
宁 夏	3.97	4.70	7.53	5.50	5.48	4.63
新 疆	2.05	1.79	1.59	3.89	16.04	6.10

注：数据来源，中经网数据库，http：//www.cei.gov.cn。

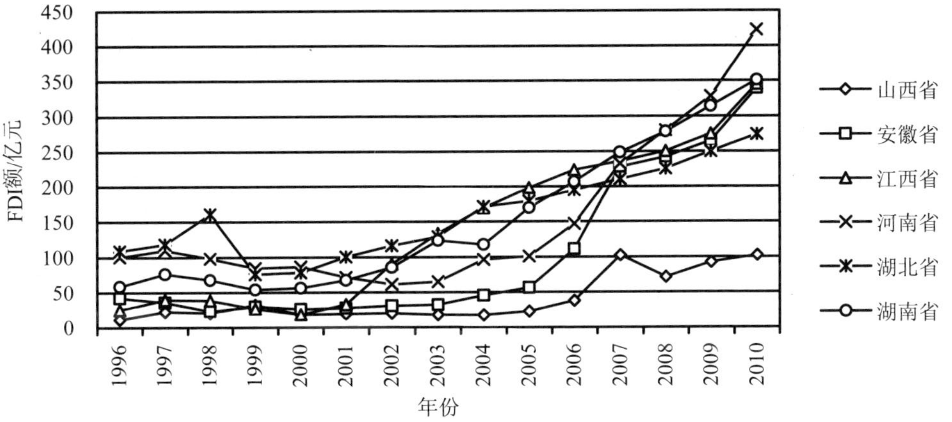

图 3.1　中部地区六省 FDI 金额变化趋势

3.2　我国各地区能源强度概况

我国地大物博，资源禀赋，能源消费结构和经济结构存在的差异性，决定了各地区之间在利用能源效率方面也存在一定的差异性。主要特点是东部地区能源利用效率较高，而中西部地区能源利用效率较低。根据能源消费总量和 GDP 统计结果计算，2011 年全国能耗为 0.793 t 标煤/万元 GDP，降低 2.01%。表 3.2 给出了 2011 年各地区单位 GDP 能耗，通过各地区之间的对比可知，在被统计的各省（区/市）中北京市降幅最大，2011 年能耗为 0.459 t 标煤/万元 GDP，比上年下降 6.94%；其次是上海，2011 年能耗为 0.618 t 标煤/万元 GDP，比上年下降 5.32%。在 2011 年，最高的宁夏回族自治区，其值为 2.279 t 标煤/万元。并且大部分省份的单位 GDP 能耗都是下降的，除了宁夏回族自治区、青海省和新疆维吾尔自治区，这两个省份单位 GDP 能耗分别比上年增长了 4.6%、9.44%和 6.96%。就中部六省而言，单位 GDP 能耗最高的是山西省，其值为 1.762 t 标煤/万元，也就是说在中部六省中，山西省能源利用效率最低。单位 GDP 能耗最低的是江西省，其值为 0.651 t 标煤/万元。可见，中部六省之间在能源利用方面也存在很大的差异性。

另外，由于我国产业结构是以工业为主，也是能源消耗的主要产业。北京市在2011年的万元工业增加值能耗下降了18.5%，是全国下降最大的省市。而海南省的工业增加值则比2010年上升了12.53%。青海、宁夏回族自治区和新疆维吾尔自治区的万元工业增加值能耗分别上升了9.62%、14.72%和9.28%。在中部六省中，万元工业增加值能耗下降幅度最大的省份是安徽省，下降了9.54%；下降幅度最小的省份是山西省，下降了5.82%。

表3.2　2011年各地区万元GDP能耗比较

地　区	单位GDP能耗强度/（t标煤/万元，当年价）	单位GDP能耗上升或下降幅度/%	万元工业增加值能耗涨幅/%
北　京	0.459	−6.94	−18.50
天　津	0.708	−4.28	−7.48
河　北	1.300	−3.69	−6.68
山　西	1.762	−3.55	−5.82
内蒙古	1.405	−2.51	−4.39
辽　宁	1.096	−3.40	−5.02
吉　林	0.923	−3.59	−3.59
黑龙江	1.042	−3.50	−5.17
上　海	0.618	−5.32	−7.33
江　苏	0.600	−3.52	−5.41
浙　江	0.590	−3.07	−2.40
安　徽	0.754	−4.06	−9.54
福　建	0.644	−3.29	−1.16
江　西	0.651	−3.08	−6.87
山　东	0.855	−3.77	−7.67
河　南	0.895	−3.57	−8.60
湖　北	0.912	−3.79	−6.88
湖　南	0.894	−3.68	−8.62
广　东	0.563	−3.78	−5.13
广　西	0.800	−3.36	−6.13
海　南	0.692	5.32	12.53
重　庆	0.953	−3.81	−5.31
四　川	0.997	−4.23	−7.78
贵　州	1.714	−3.51	−8.02
云　南	1.162	−3.22	−9.92

地　区	单位 GDP 能耗强度/（t 标煤/万元，当年价）	单位 GDP 能耗上升或下降幅度/%	万元工业增加值能耗涨幅/%
陕　西	0.864	−3.56	−5.60
甘　肃	1.402	−2.51	−1.96
青　海	2.081	9.44	9.62
宁　夏	2.279	4.60	14.72
新　疆	1.631	6.96	9.28

注：资料来源，国家统计局其他统计公报。http：//www.stats.gov.cn/tjsj/tjgb/qttjgb/qgqttjgb/201208/t20120816_30647.html。

3.3　中部地区 FDI 区域差异研究

研究地区间差异的研究多采用极差、变异系数、基尼系数以及泰尔指数等方法。本章主要利用变异系数和泰尔指数两种方法分别研究中部地区 FDI 和能源效率之间的差异性。

3.3.1　中部地区 FDI 和能源强度变异系数

（1）变异系数介绍

变异系数衡量了变量离散程度的绝对值，适用于单位和（或）均值不同的两个或多个变量的比较。计算公式为：变异系数 CV=标准偏差 SD÷平均值 MN。具体表达如下：

$$\mathrm{CV}=\frac{\sqrt{\sum_{i=1}^{n}(x_i-\frac{1}{n}\sum_{i=1}^{n}x_i)^2/n}}{\frac{1}{n}\sum_{i=1}^{n}x_i} \tag{3-1}$$

（2）FDI 和能源强度变异系数计算

首先对中部地区六省能源强度差异和 FDI 规模差异进行统计度量，在此应用变异系数对这两个变量进行计算。变异系数这种方法，主要说明某类指标的变异系数越大表明该类指标在地区间差距越大。首先，对样本期内中部各省外商直接投资总额进行汇率折算。采用各年人民币对美元中间汇价以美元计价的外商直接投资折算为以人民币计价。这里国内生产总值和FDI都转变成以2000年不变价，能源强度是能源消费总量除以国内生产总值（2000年不变价），数据来源于历年《中国统计年鉴》，具体这两个变量的变异系数变化趋势如图3.2所示。

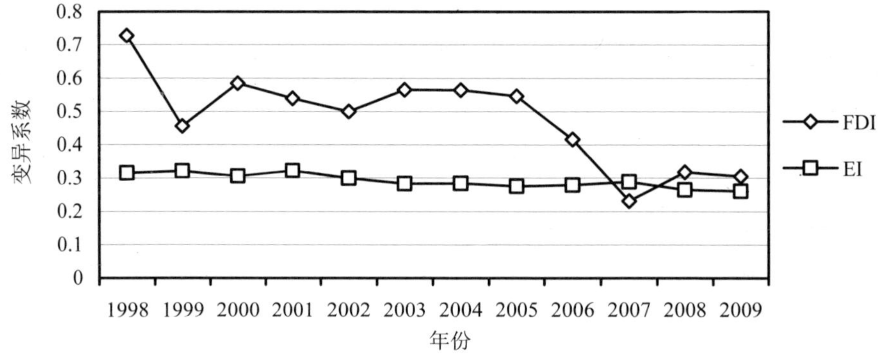

图3.2 中部地区能源强度（EI）、FDI变异系数趋势

从图3.2中可以看出，中部地区能源强度和FDI变异系数都呈现整体向下波动的趋势，说明这两个变量在中部地区间的差异变小。其中，FDI的变异系数的变动趋势比能源强度的变动趋势要强烈，其中的原因可能是在能源利用技术方面具有一定的刚性，而FDI则受国际和国内的经济发展状况影响较大，所以在一定程度上存在较大波动，但整体上差异还是在缩小的。随着FDI变异系数的下降，能源强度变异系数也在下降，在某种程度上二者呈现相同的变化趋势。

3.3.2 中部地区FDI和能源强度变异系数关系研究

在计算中部地区六省FDI和能源强度变异系数的基础上，应用计量方法研究这两个变量之间的关系，来确定这两个变量之间是否存在长期的均衡关系和因果关系。

（1）模型介绍

① 变量的平稳性检验

变量的平稳性检验是协整关系检验的前提，原因在于多数时间序列的经济变量之间是非平稳的，在此基础上进行回归分析会造成结论的不可信或无效，我们称之为“伪回归”。常用的检验变量平稳性的方法是进行单位根检验，具体的有 DF（Dickey-Fuller）检验法和 ADF（augment Dickey-Fuller test）检验法，后者由于能够更好地保证随机干扰项的白噪声特性，所以本书主要利用 ADF 检验法。具体是通过下面三个模型完成的：

$$\Delta X_t = \delta X_{t-1} + \sum_{i=1}^{m} \beta_i X_{t-i} + \varepsilon_t, \quad t=1, 2, \cdots, T \tag{3-2}$$

$$\Delta X_t = \alpha + \delta X_{t-1} + \sum_{i=1}^{m} \beta_i X_{t-i} + \varepsilon_t, \quad t=1, 2, \cdots, T \tag{3-3}$$

$$\Delta X_t = \alpha + \beta t + \delta X_{t-1} + \sum_{i=1}^{m} \beta_i X_{t-i} + \varepsilon_t, \quad t=1, 2, \cdots, T \tag{3-4}$$

检验时从模型式（3-4）开始，依次式（3-3）、式（3-2），直到检验拒绝零假设为止。检验结果 ADF 统计量的值为负且绝对值很大，序列则具有平稳性；若 ADF 统计量的值大于报告的临界值，则序列是非平稳的。

② 协整检验

1978 年 Engle and Granger 提出了协整理论。协整指的是若非平稳变量序列的某种线性组合是平稳的，则称这些变量序列存在协整关系。一种较好的多变量协整检验方法是基于向量自回归模型（vector auto regressive model，VAR 模型）的 Johansen-Juselius 检验法。具体来说是将一个 VAR 模型式（3-5）差分得到式（3-6），利用矩阵 Π 的秩与 k 的关系来判断变量 $y_{1,t-1}, y_{2,t-1}, \cdots, y_{k,t-1}$ 之间是否具有协整关系。许多计量经济软件都直接给出检验结果。

$$y_t = A_1 y_{t-1} + A_2 y_{t-2} + \cdots + A_p y_{t-p} + Bx_t + \varepsilon_t, \quad t=1, 2, \cdots, T \tag{3-5}$$

$$\Delta y_t = \sum_{i=1}^{p-1} \Gamma_i \Delta y_{t-i} + \Pi y_{t-1} + Bx_t + \varepsilon_t \tag{3-6}$$

式中：x_t—— d 维确定性外生向量；

ε_t——k 维扰动向量。

$$\Pi = \sum_{i=1}^{p} A_i - I, \quad \Gamma_i = -\sum_{j=i+1}^{p} A_j$$

③ 格兰杰因果检验

在协整检验的基础上，格兰杰（Granger）因果检验可以判断变量之间的因果关系。格兰杰因果检验的基本思想是在条件一定的情况下，增加 x_t 的滞后变量，不能显著改善变量 y_t 的预测精度，我们则称 x_{t-1} 对 y_t 存在着格兰杰非因果关系。以 VAR 模型为例，模型方程为式（3-7），利用 F 统计量式（3-8）检验 x_t 对 y_t 是否存在因果关系。

$$y_t = \sum_{i=1}^{k} \alpha_i y_{t-i} + \sum_{i=1}^{k} \beta_i x_{t-i} + u_t \tag{3-7}$$

$$F = \frac{(\text{SSE}_\text{r} - \text{SSE}_\text{u})/k}{\text{SSE}_\text{u}/(T-kN)} \tag{3-8}$$

式中：x_t 对 y_t 存在格兰杰非因果性的零假设是 H_0：$\beta_1=\beta_2=\cdots=\beta_k=0$；

SSE_r——施加约束后的残差平方和；

SSE_u——不施加约束条件下的残差平方和；

k ——最大滞后期；

N ——VAR 模型中所含当期变量个数。

结论是：若 x_t 的滞后变量的回归参数估计值全部不存在显著性，则 x_t 对 y_t 不存在格兰杰因果关系；若 x_t 的任何一个滞后变量的回归参数的估计值存在显著性，则 x_t 对 y_t 存在格兰杰因果关系。

（2）实证分析

① 单位根检验

设能源强度变异系数为 EICV，外商直接投资变异系数为 FDICV，将两个变量取对数 LEICV 和 LFDICV 以消除可能产生的异方差影响，并进行一阶差分得到 ΔLEICV 和ΔLFDICV。分别对 LEICV、LFDICV、ΔLEICV、ΔLFDICV 利用 ADF 检验法进行单位根检验。ADF 检验的一般形式为：

$$\Delta X_t = \alpha + \beta t + \gamma X_{t-1} + \delta \sum_{i=1}^{K} \Delta X_{t-1} + u_t$$

式中：$\Delta X_t = X_t - X_{t-1}$；

α ——常数项；

t ——时间趋势变量；

K ——滞后变量的个数。

检验结果如表 3.3 所示。

表 3.3　能源强度和 FDI 的单位根检验结果

变量	检验类型（C，T，K）	ADF 统计量	ADF 临界值（1%水平）	ADF 临界值（5%水平）	P 值
LEICV	（C，T，0）	−0.736 4	−4.200 0	−3.175 4	0.796 8
LFDICV	（C，T，0）	−1.566 8	−4.200 0	−3.175 4	0.465 0
ΔLEICV	（0，0，0）	−4.558 9	−4.297 1	−3.212 7	0.006 9
ΔLFDICV	（0，0，0）	−4.247 5	−2.699 8	−1.961 4	0.010 7

根据检验结果得出如下结论：a. EICV 和 FDICV 都是非平稳的，但ΔLEICV 和ΔLFDICV 是平稳的，所以可以说明ΔLEICV 和ΔLFDICV 都是一阶单整 I（1）序列；b. ΔLEICV 和ΔLFDICV 一阶单整 I（1）序列通过了单位根检验且变量又是同阶单整的，因此可以对这些变量之间进行下一步的协整关系检验。

② 协整检验

协整检验的常用方法有 Engle-Granger 两步检验法和 Johansen-Juselius VAR 模型检验法。前者多用于检验两变量之间的协整关系，后者常用于多变量之间的协整关系检验。由于涉及检验的变量只有两个，故采用 Engle-Granger 两步检验法检验能源强度变异系数和外商直接投资变异系数。根据单位根检验得出 LEICV 和 LIMCV 序列都是一阶平稳的结论，我们分两步进行协整检验。

第一步建立如下回归方程：

$$\text{LEICV}=-1.146\,3 + 0.113\,2\ \text{LFDICV}$$

$$(-22.917\,1)\qquad\qquad(1.908\,4)$$

调整后的 R^2=0.813　　D.W=1.236

第二步对上式的参差进行单位根检验，结果如表 3.4 所示。

表 3.4 参差序列 e 的单位根检验结果

t 统计量	临界值（1%）	临界值（5%）	临界值（10%）	概率值（P 值）
−4.558 9	−4.297 0	−3.212 69	−2.747 7	0.000 69

参差序列 e 的单位根检验结果显示，e 序列为平稳序列，即 e～I（0），这就表明了 LEICV 和 LFDICV 之间存在协整关系。

③ 格兰杰因果关系检验

协整检验表明能源强度变异系数序列和外商直接投资变异系数序列之间存在协整关系，即两者存在长期均衡关系。但在这种关系中谁是因谁是果还是互为因果需要用格兰杰因果关系检验加以证明。我们分别取滞后 1 期和滞后 2 期，对 LEICV 和 LFDICV 进行 Granger 因果关系检验，结果如表 3.5 所示。

表 3.5 LEICV 和 LFDICV 的格兰杰因果关系检验结果

原假设	滞后阶数	观察值	F 值	P 值
LEICV 不是 LFDICV 格兰杰原因	1	11	1.837 12	0.212 3
LFDICV 不是 LEICV 格兰杰原因	1	11	6.153 85	0.038 1
LEICV 不是 LFDICV 格兰杰原因	2	10	2.072 54	0.221 0
LFDICV 不是 LEICV 格兰杰原因	2	10	1.182 44	0.379 8

通过检验结果得出如下结论：a. 在滞后 1 期的时候，对于 LFDICV 不是 LEICV 格兰杰原因的原假设，在 95%的置信水平下，拒绝了原假设，可以认为 LFDICV 是 LEICV 格兰杰原因。b. 在滞后 2 期时，LFDICV 和 LEICV 都不是互为格兰杰因果关系。c. 格兰杰因果关系检验表明，外商直接投资变异系数与能源强度变异系数之间存在单向因果关系，在滞后 1 期的情况下 LFDICV 是 LEICV 的 Granger 原因。究其原因在于 FDI 的技术溢出效应带来了中部地区的技术进步，从而降低了能源强度，提高了能源的利用效率。

3.4　中部地区 FDI 和能源效率泰尔指数研究

3.4.1　中部地区能源效率分析方法

泰尔指数（Theil index）或者泰尔熵标准（Theil's entropy measure）是由 Theil（1967）利用信息理论中的熵概念来计算收入不平等而得名。

熵在信息论中被称为平均信息量。在信息理论中，假定某事件 E 将以某概率 p 发生，而后收到一条确定消息证实该事件 E 的发生，则此消息所包含的信息量用公式可以表示为：

$$\mathrm{h}(p)=\ln\left(\frac{1}{p}\right)$$

设某完备事件组由各自发生概率依次为 $(p_1,p_2,\cdots,p_n)$ 由 n 个事件 $(E_1,E_2,\cdots,E_n)$ 构成，则有：

$$\sum_{i=1}^{n}p_i=1$$

熵或者期望信息量等于各事件的信息量与其相应概率乘积的总和：

$$H(x)=\sum_{i=1}^{n}p_i h(p_i)=\sum_{i=1}^{n}p_i\log\left(\frac{1}{p_i}\right)=-\sum_{i=1}^{n}p_i\log(p_i) \tag{3-9}$$

将信息理论中的熵指数概念用于收入差距的测度时，可将收入差距的测度解释为将人口份额转化为收入份额（类似于洛伦兹力曲线中将人口累计百分比信息转化为收入累计百分比）的消息所包含的信息量。而泰尔指数只是熵指数中的一个应用最广泛的特例。泰尔指数的表达式为：

$$T=\frac{1}{n}\sum_{i=1}^{n}\frac{y_i}{\overline{y}}\log\left(\frac{y_i}{\overline{y}}\right) \tag{3-10}$$

式中：T——收入差距程度的测度泰尔指数；

y_i 与 $\overline{y}$——分别代表第 i 个体的收入和所有个体的平均收入。

泰尔指数作为收入不平等程度的测度指标具备良好的可分解性质，即将样本分为多个群组时，泰尔指数可以分别衡量组内差距与组间差距对总差距的贡献。假设包含n个个体的样本被分为K个群组，每组分别为$g_k(k=1,2,\cdots,K)$，第k组g_k中的个体数目为n_k，则有$\sum_{k=1}^{K}n_k=n$，y_i与y_k分别表示某个体i的收入份额与某群组k的收入总份额，记T_b与T_w分别为群组间差距和群组内差距，则可将泰尔指数分解如下：

$$T=T_b+T_w=\sum_{k=1}^{K}y_k\log\frac{y_k}{n_k/n}+\sum_{k=1}^{K}y_k(\sum_{i\in g_k}\frac{y_i}{y_k}\log\frac{y_i/y_k}{1/n_k}) \quad (3\text{-}11)$$

在上式中群组间差距T_b与群组内差距T_w分别有如下表达式：

$$T_b=\sum_{k=1}^{K}y_k\log\frac{y_k}{n_k/n} \quad (3\text{-}12)$$

$$T_w=\sum_{k=1}^{K}y_k(\sum_{i\in g_k}\frac{y_i}{y_k}\log\frac{y_i/y_k}{1/n_k}) \quad (3\text{-}13)$$

另外，值得注意的是群组内差距项分别由各群组的组内差距之和构成，各群组的组内差距的计算公式与样本总体的计算公式并无二致，只是将样本容量控制在第k组的个体数目n_k。

3.4.2 中部地区FDI泰尔指数分析

本部分采用泰尔指数来分析中部地区FDI投资区域间的差异。选用泰尔指数分析法，既能解释外商直接投资区域性差异的变动，又能进一步分析差异的来源，较好地说明了外商直接投资区域差异的演变轨迹。同时，泰尔指数公式中存在的同一类型指标比值能够消除量纲的影响，减少计算工作量，而且相对于其他分析法，泰尔指数更容易分解。为了满足泰尔指数分析法的需要，我们先根据2012年省际人均GDP数据，将全国划分为东、中、西3个区域，3个区域中包含的省份如表3.6所示。

表 3.6　中国三大区域的划分

区　域	省　份
东部	北京、天津、河北、辽宁、上海、江苏、浙江、福建、山东、广东、黑龙江、吉林、海南
中部	山西、安徽、江西、河南、湖北、湖南
西部	四川、贵州、云南、西藏、陕西、甘肃、青海、宁夏、新疆、广西、内蒙古

注：2012 年人均 GDP 排名中，黑龙江省和吉林省相对比较靠前，在此将这两个省划到东部地区。

外商直接投资地区差距的 T 泰尔指数计算公式为：

$$T=\sum_i\sum_j\left(\frac{\mathrm{GDP}_{ij}}{\mathrm{GDP}}\right)\ln\left(\frac{\mathrm{GDP}_{ij}/\mathrm{GDP}}{\mathrm{FDI}_{ij}/\mathrm{FDI}}\right) \tag{3-14}$$

式中：GDP_{ij}——i 地区 j 省份的生产总值；

GDP——国内生产总值；

FDI_{ij}——i 地区 j 省份的外商直接投资流入量；

FDI——全国的外商投资流入量。

泰尔指数进一步分解为东、中、西三大地区间的差异 T_{BR} 以及三大地带内部的总差异 T_{WR}，外商直接投资地区差异 $T=T_{\mathrm{BR}}+T_{\mathrm{WR}}$。

三大地带间的差异 T_{BR} 计算公式为：

$$T=\sum_i\frac{\mathrm{GDP}_i}{\mathrm{GDP}}\ln\left(\frac{\mathrm{GDP}_i/\mathrm{GDP}}{\mathrm{FDI}_i/\mathrm{FDI}}\right) \tag{3-15}$$

式中：GDP_i——第 i 地带的生产总值；

FDI_i——第 i 地带的外商直接投资流入量。

三大区域内部差异则是三大区域内各省份间差异的加权平均，计算公式为：

$$T=\sum_i\left(\frac{\mathrm{GDP}_i}{\mathrm{GDP}}\right)T_i$$

其中 T_i 为 i 地区内省份间的差异，计算公式：

$$T=\sum_i\sum_j\left(\frac{\mathrm{GDP}_{ij}}{\mathrm{GDP}_i}\right)\ln\left(\frac{\mathrm{GDP}_{ij}/\mathrm{GDP}_i}{\mathrm{FDI}_{ij}/\mathrm{FDI}_i}\right) \tag{3-16}$$

利用上述公式对中国东、中、西部地区外商直接投资进行泰尔指数计算，计算结果如图 3.3 所示。

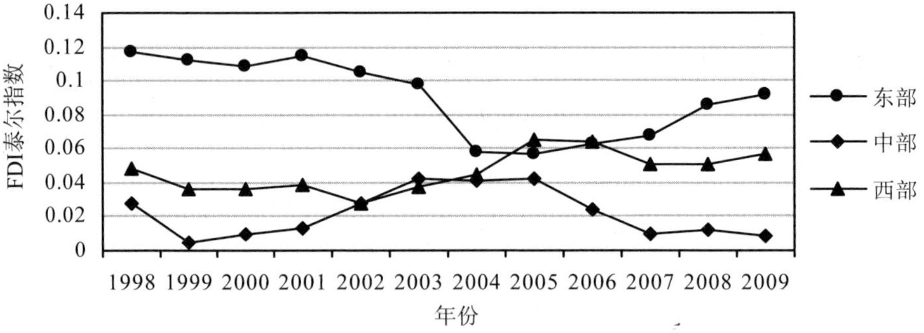

图 3.3　我国东、中、西部地区 FDI 泰尔指数变化趋势（1998—2009 年）

如图 3.3 所示，比较图中三大区域间泰尔指数的区别，可以看出三大区域的 FDI 泰尔指数呈现出不同的特征和趋势。东部地区的泰尔指数高于中部和西部地区的泰尔指数，说明东部地区内部的 FDI 差异最大，其次是西部和中部地区。从 1998—2004 年东部地区的泰尔指数处于下降的状态，随后从 2004—2009 年就处于上升的态势，说明东部地区 FDI 差异开始变小，但随后差异逐渐扩大。中部地区和西部地区的 FDI 泰尔指数变化趋势也不一样，中部地区的变化趋势是从 1999 年开始上升，到 2003 年以后开始下降，说明 FDI 差异先变大而后开始变小。而西部地区的 FDI 泰尔指数整体要高于中部地区，说明西部地区的 FDI 差异性要大于中部地区。

表 3.7　FDI 区域总体差异分解

年份	总差异	组内差异数值	贡献率/%	组间差异数值	贡献率/%
1998	0.330 8	0.193 7	58.57	0.137 0	41.43
1999	0.343 5	0.153 6	44.72	0.189 9	55.28
2000	0.355 8	0.155 2	43.61	0.200 7	56.39
2001	0.385 9	0.166 5	43.14	0.219 4	56.86
2002	0.376 3	0.161 0	42.79	0.215 3	57.21
2003	0.403 8	0.177 4	43.93	0.226 4	56.07

年份	总差异	组内差异数值	贡献率/%	组间差异数值	贡献率/%
2004	0.326 0	0.143 2	43.93	0.182 8	56.07
2005	0.316 5	0.165 3	52.22	0.151 2	47.78
2006	0.285 7	0.150 3	52.62	0.135 4	47.38
2007	0.244 6	0.127 9	52.27	0.116 8	47.73
2008	0.235 7	0.148 3	62.90	0.087 5	37.10
2009	0.225 4	0.156 4	69.40	0.069 0	30.60

由表 3.7 给出的分解结果可以看出，1998—2003 年，FDI 区域差异总体上呈现扩大的趋势，但随后区域总体差异呈现逐渐缩小的趋势。这种变化趋势基本上和我国整体经济情况吻合，1998 年的亚洲金融危机对我国的经济产生了很大的影响，对外开放以及招商引资的政策制定发生了变动。2001 年我国加入 WTO 以后，外资的利用又进入了一个全新的阶段，外商直接投资的步伐加快，投资规模迅速扩大，区域间利用外资的差异进一步缩小。

另外，从表 3.6 中给出的组间差异和组内差异来看，组内差异对总体的差异的贡献逐渐扩大，而组间差异对总差异的贡献在逐渐缩小，呈现下降的趋势。组间差异在不断下降，说明随着国家出台的一系列区域开发政策的实施在不断缩小区域间的差异。总体来看，我国 FDI 的差异主要由组内差异贡献的，并且上升速度较快。

3.4.3　中部地区能源效率泰尔指数分析

利用泰尔指数法计算三大区域能源效率的泰尔指数、总差异、组内差异、组间差异和它们各自的贡献率，计算结果如图 3.4 和表 3.7 所示。

由图 3.4 可知，三大区域能源效率的泰尔指数呈现不同的变换特征和趋势。东部地区呈现比较明显的下降态势，地区内部的能源效率差异在逐渐缩小。中部地区能源效率的泰尔指数在 1998—2004 年呈现上升的趋势，而随后几年又呈现了下降的趋势。西部地区能源效率的泰尔指数基本上呈现先下降后上升再下降的变换态势。从整体来看，东部地区的能源效率差异最大，而西部地区和中部地区能源效率差异基本上相同，从变化趋势来看，中部地区在 1998—2004 年的能源效率泰尔指数高于西部地区，随后几年，这两个地区之间的差异变化趋势基本一致。

所以，从图 3.4 来看，东部地区能源效率差异最大，而西部和中部地区能源效率差异基本一致，就中部地区能源效率差异而言，基本呈现了先上升后下降的趋势。主要原因可能是中西部地区能源效率利用水平要低于东部地区，而且其以煤炭消费为主的能源消费结构造成了这两个地区能源效率差异不大。

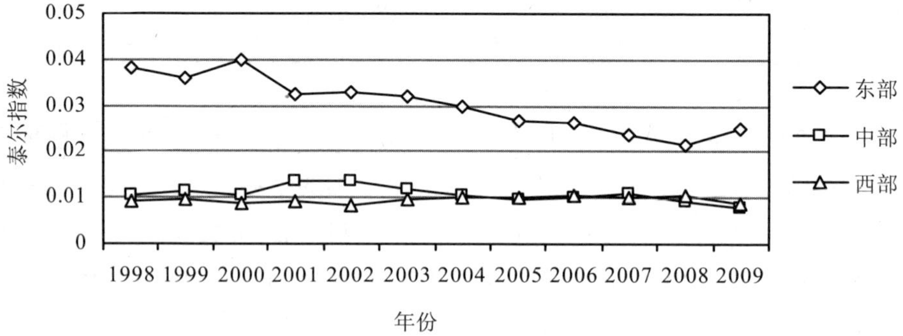

图 3.4 我国东、中、西部地区能源消费和 GDP 泰尔指数变化趋势（1998—2009 年）

表 3.8 能源效率泰尔指数差异分解

年份	总差异	组内差异数值	贡献率/%	组间差异数值	贡献率/%
1998	0.080 4	0.058 0	72.14	0.022 4	27.86
1999	0.077 5	0.057 1	73.73	0.020 4	26.27
2000	0.078 9	0.059 5	75.47	0.019 3	24.53
2001	0.073 3	0.055 0	75.04	0.018 3	24.96
2002	0.069 3	0.054 7	78.90	0.014 6	21.10
2003	0.071 2	0.053 5	75.12	0.017 7	24.88
2004	0.067 6	0.050 3	74.32	0.017 4	25.68
2005	0.063 4	0.046 7	73.66	0.016 7	26.34
2006	0.063 8	0.047 3	74.04	0.016 6	25.96
2007	0.061 1	0.044 9	73.61	0.016 1	26.39
2008	0.055 4	0.040 8	73.59	0.014 6	26.41
2009	0.057 0	0.041 7	73.12	0.015 3	26.88

从表 3.8 来看，能源效率的总差异在不断缩小，呈现逐年降低的趋势。而这种总差异主要的贡献来自我国东中西部地区内部的差异，其贡献率主要维持在 70%以上，而这三大地区的组间差异对总差异的贡献率一直维持在 20%以上，并且较为稳定。另外，组内差异虽然对总差异贡献比较大，但地区的差异整体上呈现逐年下降的态势。说明我国在最近 10 年左右，随着针对能源利用方面出台的一些政策，正在缩小这些区域内部能源利用效率的差异，并且取得了一定的成果。

从 FDI 和能源效率的泰尔指数分析来看，从中部地区 FDI 和能源效率的泰尔指数来看，中部地区和西部地区的 FDI 泰尔指数变化趋势基本一致，且中部 FDI 的差异小于西部 FDI 的差异。组内差异对总体的差异的贡献逐渐扩大，而组间差异对总差异的贡献在逐渐缩小，呈现下降的趋势。东部地区能源效率差异最大，而西部和中部地区能源效率差异基本一致，就中部地区能源效率差异而言，基本呈现了先上升后下降的趋势。组内差异虽然对总差异贡献比较大，但地区的差异整体上呈现逐年下降的态势。

3.5　本章小结

通过对中国各省市的 FDI 和能源效率分析以及中部六省的变异系数和泰尔指数分析来看，可以得出以下结论：

① 在外商投资方面，外商直接投资主要集中在中东部地区，特别是东部地区。在 2008 年以后，河南省 FDI 更是快速发展，超过湖南省成为中部引进外资第一省。可见，中部六省外商直接投资之间存在一定的差异性。在能源效率方面，东部地区能源利用效率较高，而中西部地区能源利用效率较低。

② 通过对中部地区 FDI 和能源强度的变异系数研究发现，这两者之间存在长期的均衡关系，并且 FDI 是引起能源强度变化的原因。从中部地区 FDI 和能源效率的泰尔指数来看，中部地区和西部地区的 FDI 泰尔指数变化趋势基本一致，都呈现下降—上升—下降—上升的态势，且中部 FDI 的差异小于西部 FDI 的差异。组内差异对总体的差异的贡献逐渐扩大，而组间差异对总差异的贡献在逐渐缩小，呈现下降的趋势。东部地区能源效率差异最大，而西部和中部地区能源效率差异基本一致，就中部地区能源效率差异而言，基本呈现了先上升后下降的趋势。

第 4 章　中部地区 FDI 与能源效率关系研究

改革开放以来，我国采取的对外开放政策有力地促进了我国经济的快速发展，使得我国发展在世界上成为一个奇迹。特别是自 1998 年以后，我国经济进入了向市场经济转轨的关键时期，经济增长与能源消费增长之间的矛盾日益凸显。主要存在以下问题：一方面，工业化和城市化的大力发展带动了区域经济的快速发展，而我国这种工业化为主的发展方式，是以消化大量能源为代价的；另一方面，我国能源利用效率与发达国家相比相对落后，这就说在取得同样经济发展的基础上，我国要消化更多的化石能源。当前，就需要考虑在不影响经济发展的情况下，尽量减少对能源的消耗，而提高能源利用效率是一个有效的途径。FDI 与能源效率之间存在什么样的关系，它能否促进能源效率的提高，这是本章研究的主要内容。

4.1　中部地区 FDI 的发展现状

在这短短的 30 多年间，中国有效充分地利用外商直接投资，推动了我国经济持续健康的发展，促进了社会稳定前进。研究我国在改革开放以来在引进外商投资方面的发展历程，对以后有效引进外商直接投资，并且促进经济的发展和提高我国的技术进步都有重要的意义。

4.1.1　我国 FDI 发展状况分析

改革开放初期，缺乏相关政策以及软硬件设施的支持，外商直接投资的项目和金额数量并不是太多，对我国经济发展的支持也不大。但是进入 20 世纪 90 年代以后，发达国家和一些大的跨国公司开始在中国进行比较大规模的投资，1992

年我国成为吸收 FDI 最多的发展中国家。加入 WTO 以后，伴随着世界经济一体化带动的全球经济快速发展，我国吸收了大量的国外投资，2003 年首次超越美国成为当年吸收 FDI 最多的国家，此后一直保持名列前茅。截至 2011 年年底，中国累计批准外商直接投资项目 738 353 个，实际利用外资金额 1 164.392 亿美元。

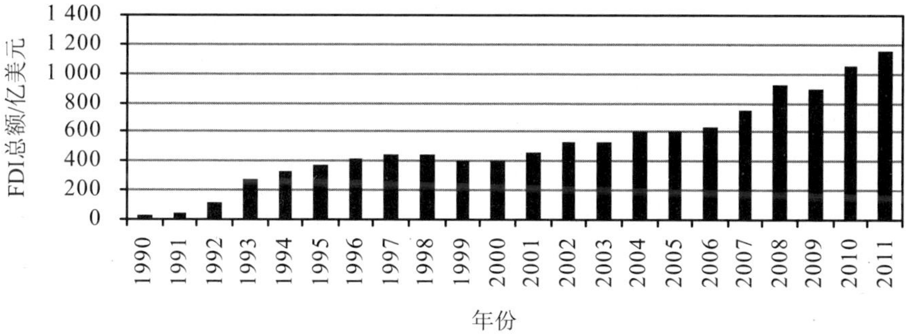

图 4.1　我国 FDI 总额变化趋势（1990—2011 年）

从 20 世纪 90 年代以后，我国外商直接投资大概经历了两个阶段。

第一阶段：快速发展阶段（1992—2001 **年**）

1992 年，邓小平的“南方讲话”为我国的改革开放打开了一个全新的局面。在确定建立市场经济主体的基础上，国家出台了许多鼓励引进外商直接投资的政策，特别是一些沿海开放城市。1992 年当年我国外商直接投资达到 192.03 亿美元，1993 年达到 389.60 亿美元，比“南方讲话”前的 1991 年增加了 2.37 倍。到 1996 年利用外资为 548.05 亿美元。虽然随后受到了金融危机的影响，但是对中国的 FDI 影响并不大，2001 年实际利用外资为 496.72 亿美元。在这一阶段，外商直接投资的数量，项目数以及规模都得到了大幅度提高，更多一些国外大的跨国公司开始在中国投资，并且在投资行业的分布也得到了进一步的扩展。

第二阶段：稳步发展阶段（2002 **年至今**）

加入 WTO 以后，中国的外商直接投资也进入了更快的稳步发展阶段，也意味着中国利用外资的开放程度更加深入，在引进外资的规模更多和引进的范围也进一步得以拓展。2002 年中国引进的外商直接投资额为 827.68 亿美元，实际利用外资 550.11 亿美元，增长速度得到了进一步的提升。在经历了 2009 年外商投资的略微下降以后，在 2010 年实际利用外资达到了 1 057 亿美元，第一次成功突破了千亿美元大关，到 2011 年实际利用外资达到了 1 164.392 亿美元。在这一阶段，我国在引进外资方面，更加注重在技术密集度方面的引进，跨国公司之间的并购逐步成为新时期的一种新的形式。

中国在引进外商投资的产业分布方面（见表 4.1），在 2009—2011 年这 3 年间，外商直接投资呈现逐年上升的趋势，在利用外资在产业结构方面，主要集中在第二产业和第三产业。例如，在 2009 年制造业引进外商投资为 4 677 146 万美元，到 2011 年就达到了 5 210 054 万美元，增加了 532 908 万美元。同时，第三产业的比重也在不断上升，在 2011 年，第三产业利用外资规模继续扩大，其中服务业实际利用外资达 552.43 亿美元，占全国实际利用外资总额的 47.62%，首次超过制造业外资利用的比重 44.91%。

表 4.1　中国 FDI 分行业统计状况　　单位：万美元

行业	2009 年	2010 年	2011 年
总计	9 003 272	10 573 524	11 601 100
农、林、牧、渔业	142 873	191 195	200 888
采矿业	50 059	68 440	61 279
制造业	4 677 146	4 959 058	5 210 054
电力、燃气及水的生产和供应业	211 206	212 477	211 843
建筑业	69 171	146 062	91 694
交通运输、仓储和邮政业	252 728	224 373	319 079
信息传输、计算机服务和软件业	224 694	248 667	269 918
批发和零售业	538 980	659 566	842 455
住宿和餐饮业	84 412	93 494	84 289
金融业	45 617	112 347	190 970
房地产业	1 679 619	2 398 556	2 688 152
租赁和商务服务业	607 806	713 023	838 247
科学研究、技术服务和地质勘察业	167 363	196 692	245 781
水利、环境和公共设施管理业	55 613	90 859	86 427
居民服务和其他服务业	158 596	205 268	188 357
教育	1 349	818	395
卫生、社会保障和社会福利业	4 283	9 017	7 751
文化、体育和娱乐业	31 756	43 612	63 455
公共管理和社会组织	1		66

注：数据来源，《中国统计年鉴》（2009—2012 年）。

从整体来看，虽然我国在利用外资方面取得了很大的成绩，促进了我国经济的快速发展，在引进外资产业结构方面呈现以下特点，主要有：第一产业吸收外商投资金额增幅较大，但比重依然很低。目前，我国农业基础设施不完善、农业现代化水平低、农业技术相对落后，但国内支农投资有限，这就需要大量引进技术、设备和资金来弥补不足。第二产业中，制造业所占比重一直很大，但比重稍有下降。其中各行业的投资比例也差距较大。由于中国在制造业上发展较早，具有良好的基础设施和劳动力资源，并且较早地进行了对外开放，所以一直都能吸引国外的资金进入并助其很好的发展。以前一直多集中在劳动密集型产业，现在也开始投向了技术和资金密集型产业。第三产业中，服务业 FDI 增长平稳。伴随着相关政策的出台，第三产业中的一些行业如金融业逐渐对外商开放，外商在三产行业中的直接投资数额增加。但由于我国三产起步晚、市场机制不成熟，仍存在各种障碍阻挡了外商对这些领域的实际投资。

从投资方式来看，FDI 的进入模式一般分为合资经营企业、合作经营企业、独资企业和外商投资股份制企业。外商进入中国初期，外资主要采取合资经营的方式，其他形式所占比重很小。

表 4.2　中国 FDI 进入模式状况　　单位：亿美元

模式	2007 年	2008 年	2009 年	2010 年	2011 年
总计	747.68	923.95	900.33	1 057.35	1 160.11
合资经营企业	155.96	173.18	172.73	224.98	214.15
所占比重/%	20.86	18.74	19.19	21.28	18.46
合作经营企业	14.16	19.03	20.34	16.16	17.57
所占比重/%	1.89	2.06	2.26	1.53	1.51
外资企业	572.64	723.15	686.82	809.75	912.05
所占比重/%	76.59	78.27	76.29	76.58	78.62
外商投资股份制企业	4.92	8.59	20.44	6.46	16.34
所占比重/%	0.66	0.93	2.27	0.61	1.41

注：数据来源，《中国统计年鉴》（2007—2012 年）。

从 20 世纪 90 年代末开始，独资企业超过合资企业。从表 4.2 可以看出，从 2007—2011 年，外资独资企业所占比重一直在 76%以上，在所有进入模式中占有绝对优势，合资企业所占比重在 20%徘徊，而合作经营企业和外商投资股份制企业所占的比重很低，分别占2%和低于1%。可见FDI流入的渠道主要是独资企业与中外合资经营企业。外商在华并购投资的目标已转向中国企业的核心人才和管理团队。这一目标的实现既可以增强外商自身的实力又可以打击对手，削弱对手的竞争力，快速占领市场份额。

4.1.2 中部地区FDI发展状况分析

从中部六省的外资利用水平考察它们的FDI发展状况，用FDI与GDP的比值来衡量一省的利用外资水平。利用外资水平是指外商直接投资总额除以国内生产总值。这个指标是用来反映一个地区或者国家参与国际经济的程度。表4.3为1996—2010年中部六省利用外资水平情况。河南省的GDP在中部六省中居首，其外资利用水平在六省中，比江西省要低。从变化的数据来看，在1996—1998年六省的外资利用水平较高，但由于受金融危机的影响，在随后的几年间，外资利用水平下降。但随着金融危机影响过后，其变化值又有所增加，也就是说，各省正在较为积极地参与到国际经济中，吸引了大量外资关注。

表4.3 中部地区FDI利用外资水平 单位：%

年份	山西	安徽	江西	河南	湖北	湖南
1996	0.888	2.012	1.773	2.758	4.359	2.302
1997	1.494	1.534	2.466	2.713	4.147	2.668
1998	1.257	0.901	2.238	2.273	5.168	2.239
1999	1.943	1.103	1.433	1.871	2.345	1.684
2000	1.008	0.908	0.939	1.702	2.203	1.589
2001	0.954	0.858	1.506	1.291	2.581	1.750
2002	0.887	0.882	3.672	1.015	2.754	2.055
2003	0.639	0.824	4.754	0.946	2.709	2.645
2004	0.494	0.951	4.914	1.125	3.043	2.080
2005	0.539	1.049	4.892	0.951	2.745	2.607
2006	0.798	1.812	4.790	1.190	2.575	2.753
2007	1.781	3.097	4.291	1.551	2.279	2.703
2008	1.024	2.731	3.862	1.521	1.989	2.493
2009	1.253	2.634	3.590	1.683	1.928	2.405
2010	1.111	2.744	3.654	1.831	1.717	2.188

注：数据来源，根据《中国统计年鉴》数据计算而得。

表 4.4 中显示中部六省外商投资情况，从 2001—2010 年各省的外商直接投资都在快速增长，特别是河南省在 2005 年后，增长速度更快，在 2010 年就成为中部六省中利用外商投资最大的省份。而表 4.3 中河南省的外资利用水平为 1.831%，说明河南省的 GDP 增长更快，虽然小于江西省的 3.654%和湖南省的 2.188%。

表 4.4　中部六省外商直接投资情况比较　　单位：亿元

地区	2001 年	2002 年	2003 年	2004 年	2005 年	2006 年	2007 年	2008 年	2009 年	2010 年
山西	19.36	20.62	18.24	17.64	22.54	37.63	102.11	71.04	92.22	102.22
安徽	27.87	31.06	32.32	45.25	56.40	111.09	228.04	242.38	265.04	339.15
江西	32.76	89.99	133.45	169.88	198.45	223.73	236.00	250.28	274.85	345.31
河南	71.45	61.25	64.99	96.23	100.73	147.10	232.81	280.07	327.79	422.87
湖北	100.15	116.00	128.87	171.44	178.97	195.19	210.34	225.36	249.88	274.16
湖南	67.05	85.33	123.25	117.37	169.76	206.74	248.69	278.16	314.09	350.93

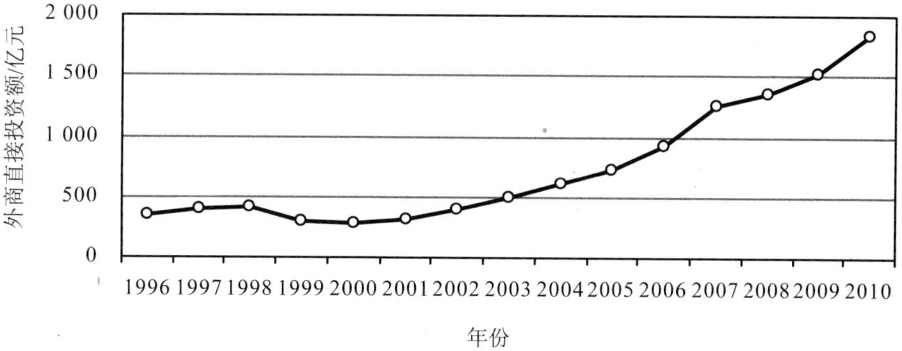

图 4.2　中部六省利用外资总额变化趋势（1996—2010 年）

从图 4.2 中可以看出中部六省 1996—2010 年实际利用外商投资呈现上升趋势，反映出中部六省正在凭借自身的发展实力，吸引了更多外资资金发展当地经济。特别是自 2001 年以后，中部地区外商直接投资处于快速增长的阶段，2001 年，我国中部六省实际利用外资总量 318.634 亿元，截至 2010 年总量就达到 1 834.65 亿元。中部六省之间在利用外商投资方面存在很大的差异。从 2007 年以后河南省成为中部六省中成长最快的省份。而山西省增长速度最慢，并且规模也是在六个省份中最小的。从整体来看，中部地区内部实际利用外商投资存在不均衡性。

4.2 中部地区能源效率状况

4.2.1 中国能源效率概况

自我国实行改革开放以来，我国的经济总量和能源消费总量都出现了较大幅度的增长。如表4.5所示，1980—2010年，中国经济总量增长了17.8倍，在这个阶段内，中国能源消费总量从1980年的6.03亿t标煤增加到2010年的32.49亿t标煤，增长了约5.5倍，年平均增速为18.18%。

表4.5 中国经济总量、能源消费量与能源强度

年份	国内生产总值/亿元（2005年不变价）	能源消费总量/（亿t标煤）	单位GDP能耗/（t标煤/万元）
1980	1.77	6.03	3.40
1981	1.87	5.94	3.19
1982	2.03	6.21	3.05
1983	2.26	6.60	2.93
1984	2.60	7.09	2.73
1985	2.95	7.67	2.60
1986	3.21	8.09	2.52
1987	3.58	8.66	2.42
1988	3.98	9.30	2.33
1989	4.15	9.69	2.34
1990	4.30	9.87	2.30
1991	4.70	10.38	2.21
1992	5.37	10.92	2.03
1993	6.12	11.60	1.90
1994	6.92	12.27	1.77
1995	7.67	13.12	1.71
1996	8.44	13.52	1.60
1997	9.23	13.59	1.47

年份	国内生产总值/亿元（2005 年不变价）	能源消费总量/（亿 t 标煤）	单位 GDP 能耗/（t 标煤/万元）
1998	9.95	13.62	1.37
1999	10.71	14.06	1.31
2000	11.61	14.55	1.25
2001	12.57	15.04	1.20
2002	13.72	15.94	1.16
2003	15.09	18.38	1.22
2004	16.61	21.35	1.29
2005	18.5	23.60	1.28
2006	20.8	25.87	1.24
2007	23.9	28.05	1.17
2008	26.1	29.14	1.12
2009	28.5	30.66	1.08
2010	31.5	32.49	1.03

注：数据来源，《中国能源统计年鉴》（1980—2011 年）。

总体来说，在这段时期里中国能源强度是下降的，其变化趋势如图 4.3 所示，从图中可以看到，除个别年份（2003 年、2004 年），各年的能源强度较前一年都有所下降，此期间能源强度总体呈下降趋势。1980 年单位 GDP 能耗为 3.4 t 标煤/万元，2010 年为 1.03 t 标煤/万元，这 30 年内下降速度很快，也说明了我国能源利用效率大大提高。

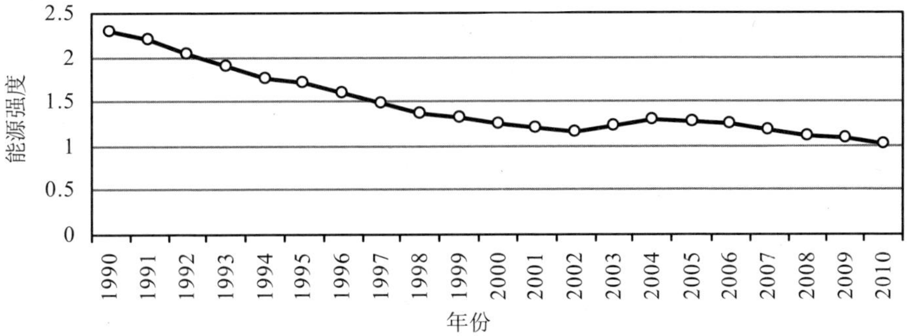

图 4.3　中国能源强度变化趋势（1990—2010 年）（单位：t 标煤/万元）

4.2.2 中部地区能源效率概况

中部地区能源效率与其他省份之间存在一定的差异性，整体来看，中部六省单位 GDP 能耗总体上落后于东部地区，也就是说，中部六省的能源利用效率要低于东部大部分省份，主要因为东部地区在能源利用技术上高于中部地区能源利用技术。而中部地区内部也存在差异性，通过 2011 年（图 4.4）中部地区单位 GDP 能耗对比可知，山西省在 2011 年万元 GDP 能耗为 1.762 t 标煤，远远高于中部地区其他五省，即是说山西省在能源利用效率方面要低于中部其他六省。湖南、湖北和河南这三个省份的万元 GDP 能耗基本接近，处于 0.9 t 标煤左右，也就是说这三个省份的能源利用效率基本一致。安徽和江西省万元 GDP 能耗分别为 0.754 t 标煤和 0.651 t 标煤，说明在中部六省当中，江西省能源利用效率最高。总体而言，中部地区虽然所处区域相近，但能源利用效率不尽相同，呈现出一定的差异性。

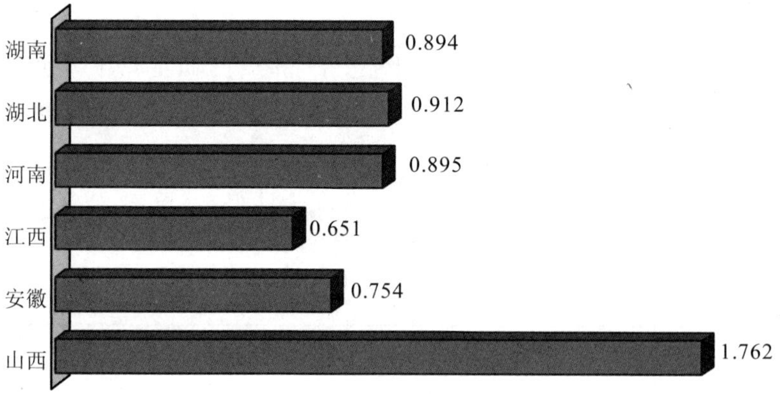

图 4.4 2011 年中部地区万元 GDP 能耗对比

4.3 中部地区 FDI 与能源效率的关系

本节利用对中部六省 FDI 和能源效率之间的面板协整检验，以证明两者之间是否存在长期的均衡关系。

4.3.1 模型构建

（1）面板数据的单位根检验

有两种单位根检验的方法：一种是不同根情况下的单位根的检验，常用的方法有 IPS 检验法、ADF-Fisher 检验法和 Fisher PP 检验法 3 种。一种是相同根情况下的单位根的检验，常用的方法是 Levin、Lin 和 Chu 三人提出 LLC 检验法。另外还有 Hadri 单位根检验法，这几种检验方法各有缺点和优点，所以在进行单位跟检验时，有时要根据不同的检验方法对单位根进行检验。为了提高检验结果的可信性，本节的单位根检验将同时采用这 5 种检验方法。

（2）面板数据的协整检验

有两种方法可以对面板数据进行协整检验，分别是 Kao 协整检验法和 Pedroni 协整检验法。前者适用于同质面板数据的协整检验，构造的统计量为 ADF 统计量 [式（4-1）]；后者适用于异质面板数据的协整检验，Pedroni 构造了 7 个面板数据协整检验统计量，可以分为组间尺度和组内尺度，有 4 个组内尺度用“Panel”来表示，有 3 个组间尺度用“Group”表示，见表 4.6。本节同时使用这两种方法进行检验以提高检验的可信度。

$$\mathrm{ADF}=\frac{t_{\mathrm{ADF}}+\sqrt{6N}\hat{\sigma}_v/(2\hat{\sigma}_{0v})}{\sqrt{\hat{\sigma}_{0v}^2/(2\hat{\sigma}_v^2)+3\hat{\sigma}_v^2/(10\hat{\sigma}_{0v}^2)}}\xrightarrow{d}N(0,1) \tag{4-1}$$

其中，

$$t_{\mathrm{ADF}}=(\hat{\rho}-1)\left[\sum_{i=1}^{N}(e_i'Q_ie_i)\right]^{1/2}/S_v$$

e_i 表示 $\hat{e}_{i,t-1}$ 观测值向量，$Q_i=I-\zeta_i(\zeta_i'\zeta_i)^{-1}\zeta_i'$，$\zeta_i$ 为 $(\hat{e}_{i,t-1},\ldots,\hat{e}_{i,t-p})$ 的观测值矩阵；

$$S_v^2=(1/NT)\sum_{i=1}^{N}\sum_{t=1}^{T}\hat{v}_{it}{}^2$$

表 4.6 Pedroni 面板数据协整检验统计量

Pedroni 协整检验统计量	协整检验统计量的表达式 Z
Panel V 统计量	$Z_{v}^{\omega}=\left(\sum_{i=1}^{N}\sum_{t=1}^{T}\hat{L}_{11i}^{-2}\hat{e}_{i,t-1}^{2}\right)^{-1}$
Panel Rho 统计量	$Z_{\rho}^{\omega}=\left(\sum_{i=1}^{N}\sum_{t=1}^{T}\hat{L}_{11i}^{-2}\hat{e}_{i,t-1}^{2}\right)^{-1}\sum_{i=1}^{N}\sum_{t=1}^{T}\hat{L}_{11i}^{-2}\left(\hat{e}_{i,t-1}\Delta\hat{e}_{it}-\hat{\lambda}_{i}\right)$
Panel PP 统计量	$Z_{pp}^{\omega}=\left(\tilde{\sigma}_{NT}^{2}\sum_{i=1}^{N}\sum_{t=1}^{T}\hat{L}_{11i}^{-2}\hat{e}_{i,t-1}^{2}\right)^{-1/2}\sum_{i=1}^{N}\sum_{t=1}^{T}\hat{L}_{11i}^{-2}\left(\hat{e}_{i,t-1}\Delta\hat{e}_{it}-\hat{\lambda}_{i}\right)$
Panel ADF 统计量	$Z_{t}^{\omega}=\left(\tilde{s}_{NT}^{*2}\sum_{i=1}^{N}\sum_{t=1}^{T}\hat{L}_{11i}^{-2}\hat{e}_{i,t-1}^{*2}\right)^{-1/2}\sum_{i=1}^{N}\sum_{t=1}^{T}\hat{L}_{11i}^{-2}\hat{e}_{i,t-1}^{*}\Delta\hat{e}_{it}^{*}$
Group Rho 统计量	$Z_{\rho}^{B}=\sum_{i=1}^{N}\left(\sum_{t=1}^{T}\hat{e}_{i,t-1}^{2}\right)^{-1}\sum_{t=1}^{T}\left(\hat{e}_{i,t-1}\Delta\hat{e}_{it}-\hat{\lambda}_{i}\right)$
Group PP 统计量	$Z_{pp}^{B}=\sum_{i=1}^{N}\left(\sum_{t=1}^{T}\hat{s}_{i}^{*2}\hat{e}_{i,t-1}^{*2}\right)^{-1/2}\sum_{t=1}^{T}\hat{e}_{i,t-1}^{*}\Delta\hat{e}_{it}^{*}$
Group ADF 统计量	$Z_{t}^{B}=\sum_{i=1}^{N}\left(\hat{\sigma}_{i}^{2}\sum_{t=1}^{T}\hat{e}_{i,t-1}^{2}\right)^{-1/2}\sum_{t=1}^{T}\left(\hat{e}_{i,t-1}\Delta\hat{e}_{it}-\hat{\lambda}_{i}\right)$

表中：

$$\tilde{\lambda}_{i}=\frac{1}{T}\sum_{s=1}^{k_i}\left(1-\frac{s}{k_i+1}\right)\sum_{t=s+1}^{T}\hat{\mu}_{it}\hat{\mu}_{i,t-s},\ \hat{s}_{i}^{2}=\frac{1}{T}\sum_{t=1}^{T}\hat{\mu}_{it}^{2},\ \hat{\sigma}_{i}^{2}=\hat{s}_{i}^{2}+2\hat{\lambda}_{i},\ \tilde{\sigma}_{NT}^{2}=\frac{1}{N}\sum_{i=1}^{N}\hat{L}_{11i}^{-2}\hat{\sigma}_{i}^{2}$$

$$\hat{s}_{i}^{*2}=\frac{1}{T}\sum_{t=1}^{T}\hat{\mu}_{it}^{*2},\ \tilde{s}_{NT}^{*2}=\frac{1}{N}\sum_{i=1}^{N}\hat{s}_{i}^{*2},\ \hat{L}_{11i}^{2}=\frac{1}{T}\sum_{t=1}^{T}\hat{\xi}_{it}^{2}+\frac{2}{T}\sum_{s=1}^{k_i}\left(1-\frac{s}{k_i+1}\right)\sum_{t=s+1}^{T}\hat{\xi}_{it}\hat{\xi}_{i,t-s}$$

上式中的 $\hat{\mu}_{it}$，$\hat{\mu}_{it}^{*}$和$\hat{\xi}_{it}$ 分别来自下述回归式的残差：

$$\hat{e}_{it}=\hat{\rho}\hat{e}_{i,t-1}+\hat{\mu}_{it},\ \hat{e}_{it}=\hat{\rho}\hat{e}_{i,t-1}+\sum_{k=1}^{K_i}\gamma_{ik}\Delta\hat{e}_{i,t-k}+\hat{\mu}_{it}^{*},\ \Delta y_{it}=\sum_{m=1}^{M}\hat{b}_{mi}\Delta x_{mi,t}+\xi_{it} \tag{4-2}$$

每一个标准化统计量均趋于一个正态分布：

$$\frac{\chi_{NT}-\mu\sqrt{N}}{\sqrt{v}}\xrightarrow{d}N(0,1) \tag{4-3}$$

其中，修正因素 μ 、v 的取值依赖于统计量、自变量的个数。Pedroni 协整检验适合于非平衡面板数据。所以在对面板数据进行协整分析时，要依据这种检测方法来对面板数据进行协整检验。

4.3.2　变量选取与数据说明

本书选取 1998—2009 年中部 6 个省份（江西省、山西省、河南省、湖南省、湖北省、安徽省）的样本面板数据进行实证研究。具体变量指标的选取和数据来源如下，同时，为了消除价格对变量产生的影响，把关系到价格因素的变量都转化成 2000 年不变价。

（1）能源强度

能源强度是能源消费量与 GDP 或者是地区生产总值的比值。它能够显示出国家或地区经济发展水平、技术水平等之间的差异，在一定程度能够反映出一个地区的能源利用水平。

中部六省国内生产总值的数据来自于《中国统计年鉴》，其能源消费量数据来自于《中国能源统计年鉴》。该变量由历年各省市能源消费量除以 2000 年不变价表示的 GDP 而得到。

（2）外商直接投资

用各省的实际利用外资额来表示外商直接投资。具体计算方法：《中国统计年鉴》中的实际利用外资额（美元计价）乘以当年的人民币汇率得到人民币表示的外商直接投资额，并转化成 2000 年表示的不变价，其中用固定资产投资价格指数对其进行转化。

（3）自主研发

本书采用研究和试验发展（R&D）内部支出表示自主研发。这个指标在一定程度上能够表示中部地区的研发投入。价格指数是一权重为 0.55 消费价格指数和权重为 0.45 的固定资产投资价格指数的加权平均值，然后通过计算得到需要的价格指数，并转化成以 2000 年表示的价格指数。PPI 和固定资产投资价格指数的数据来自历年《中国统计年鉴》，R&D 内部支出数据来自历年《中国科技统计年鉴》。

4.3.3 实证分析

（1）能源强度、FDI 和 R&D 变异系数变化趋势

本书通过变异系数公式，测算出了能源强度、FDI 和 R&D 1998—2009 年的变异系数，如图 4.5 所示。

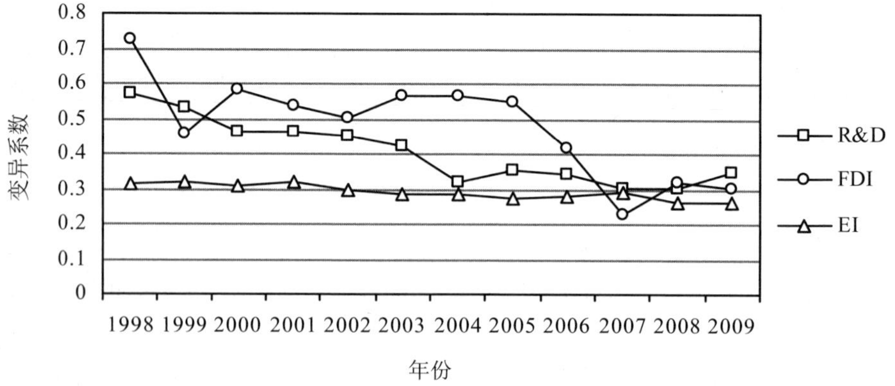

图 4.5 中部地区能源强度（EI）、FDI、R&D 变异系数趋势（1998—2009 年）

从图 4.5 可以看出，中部地区能源强度、FDI 和 R&D 都呈现整体向下波动的趋势，说明这 3 个变量在中部地区间的差异变小。其中，FDI 和 R&D 的变异系数的变动趋势比能源强度的变动趋势要强烈，其中的原因可能是在能源利用技术方面具有一定的刚性，而 FDI 和 R&D 则受国际和国内的经济发展状况影响较大，所以它们在一定程度上存在较大波动，但整体上差异还是在减小的。

（2）面板数据的单位根检验

为避免“伪回归”，先对面板数据进行单位根检验。利用 5 种面板数据单位根检验方法以提高单位根检验的稳健性。自主研发（ln R&D）、外商直接投资（ln FDI）和能源强度（ln EI）面板数据单位根检验结果如表 4.7 所示。

检验的结果显示 ln R&D，ln EI 和 ln FDI 的水平量是非平稳的，但是它们的一阶差分序列具有平稳性。从而说明变量自主研发、外商直接投资和能源强度都是一阶单整的 I（1）序列，也可以说明针对这 3 个变量能够进行协整检验。

表 4.7　面板单位根检验结果

检验方法	ln FDI		ln EI		ln R&D	
	水平检验结果	一阶差分检验结果	水平检验结果	一阶差分检验结果	水平检验结果	一阶差分检验结果
LLC	−0.714 7 （0.237 4）	−11.367 3 （0.000 0）	−0.234 1 （0.407 5）	−8.805 0 （0.000 0）	−1.671 2 （0.047 3）	−3.842 8 （0.000 1）
IPS	−0.177 4 （0.429 6）	−4.077 7 （0.000 0）	0.323 9 （0.627 0）	−2.721 5 （0.003 2）	−0.583 6 （0.279 7）	−1.609 8 （0.053 7）
ADF-Fisher	12.738 5 （0.388 3）	42.303 6 （0.000 0）	7.903 3 （0.792 6）	34.064 4 （0.000 7）	14.258 3 （0.284 5）	25.758 5 （0.011 6）
PP-Fisher	19.630 2 （0.074 4）	51.562 0 （0.000 0）	10.814 9 （1.000 0）	38.102 4 （0.000 1）	13.094 7 （0.362 2）	43.906 7 （0.000 0）
Hadri	4.567 4 （0.000 0）	4.266 6 （0.000 0）	4.426 6 （0.000 0）	5.881 5 （0.030 7）	2.916 2 （0.001 8）	7.740 8 （0.000 0）

注：与 Hadri 检验不同的是，前面 4 种检验 H_0 数据为 I（1），H_1 数据为 I（0）。括号中的数字表示相应的伴随概率，即 P 值。

（3）面板数据的协整检验

在单位根检验的基础之上，利用面板协整检验来确定变量自主研发、外商直接投资和能源强度之间是否存在长期关系。本书将对 3 对变量进行协整检验，① ln EI，ln FDI 和 ln R&D；② ln EI 和 ln FDI。结果见表 4.8。

表 4.8　面板协整检验结果

统计量		协整关系（1）	协整关系（2）
Pedroni 检验	Panel v	−1.264 379 （0.897 0）	6.307 948 （0.000 0）
	Panel PP	−0.792 320 （0.214 1）	−2.501 815 （0.006 2）
	Panel ADF	−4.432 730 （0.000 0）	−4.073 775 （0.000 0）
	Group PP	−2.077 983 （0.018 9）	−1.728 464 （0.042 0）
	Group ADF	−3.625 500 （0.042 4）	−3.781 012 （0.000 1）
Kao 检验	ADF	−3.453 091 （0.000 3）	−1.629 038 （0.051 7）

注：所有检验的原假设都是“不存在协整关系”。括号中的数字表示相应的伴随概率，即 P 值。

根据检验结果得出如下结论：自主研发（ln R&D）、外商直接投资（ln FDI）和能源强度（ln EI）之间存在长期的均衡关系；外商直接投资（ln FDI）与能源强度（ln EI）之间也存在长期均衡关系。

（4）回归分析

由（3）中的协整检验可知，能源强度（EI）和外商直接投资（FDI）之间存在长期均衡关系。在此，以 ln EI 作为被解释变量，ln FDI 作为解释变量进行回归分析，其回归结果如下：

$$\ln EI = 0.428\,135 - 0.280\,718 \ln FDI$$

（0.000 0）　　（0.000 0）

R^2=0.997 806，　Adj-R^2=0.997 603，F=4 926.201（0.000 0）

结果显示，能源强度和外商直接投资之间的回归系数为−0.280 7，两者之间的负相关性显著，也就是说利用引进 FDI 可以降低中部地区的 EI。

同样，由协整检验可知，自主研发（ln R&D）、外商直接投资（ln FDI）和能源强度（ln EI）之间存在协整关系，即三者之间存在长期的均衡关系。本书将 EI 作为因变量，FDI 和 R&D 分别作为自变量，研究外商直接投资和自主研发对能源强度的影响。本书利用面板数据对 3 个变量之间进行估计之前，应进行豪斯曼（Hausman）检验和似然比检验，来进行确定采用固定效应模型还是随机效应模型。具体检验结果如表 4.9 和表 4.10 所示。

表 4.9　豪斯曼检验

Test Summary	Chi-Sq statistic	Chi-Sq d.f	Prob
Cross-setion random	9.160 304	2	0.010 3

表 4.10　似然比检验

Effects	Statistic	d.f	Prob
Cross-setion F	163 352 862	（5.64）	0.000 0
Cross-setion	188.777 303	5	0.000 0
Chi-Square			

表 4.9 豪斯曼检验中对应的 P 值小于 0.05，应拒绝原假设，应建立个体固定

效应模型。表 4.10 似然比检验中 P 值为 0，远小于 0.05，拒绝原假设，应建立个体固定效应模型。所以，综合以上两种检验，因此采用个体固定效应回归模型更为合适。在此，对能源强度、外商直接投资和自主研发进行回归分析，具体回归结果如表 4.11 所示。

表 4.11　能源强度、外商直接投资和 R&D 回归结果

变量	中部地区
常数项	0.267 724 （0.000 0）
ln FDI	−0.026 415 （0.069 3）
ln R&D	−0.276 552 （0.000 0）
调整后 R^2	0.968 497
F 值	312.822 2 （0.000 0）

注：表内括号内为 P 值。

从表 4.11 可知，该模型调整后的 R^2 为 0.968 497，且 F 值为 312.822 2 并通过检验，说明该模型合理。外商直接投资在 10%上显著，并且系数为负，表明外商直接投资可以有效降低中部地区的能源强度，即 FDI 通过技术溢出提高了中部地区的技术进步，进而提高了中部地区的能源利用效率。R&D 在 5%上显著且系数为负，表明自主研发同样可以降低中部地区的能源强度。从变量的系数来看，自主研发的系数为 0.276 552 远大于 FDI 的系数 0.026 415，即在降低能源强度方面，自主研发更具有有效性。

4.4　本章小结

本章节首先对我国 FDI 发展状况和中部地区六省的能源消费现状进行的分析，随后研究了国内研发和 FDI 技术溢出对中部地区能源效率的影响进行的研究，得出以下结论：

（1）在产业结构方面，FDI 主要集中在第二产业和第三产业。同时，第三产业的比重也在不断上升，在 2011 年，第三产业利用外资继续保持上升态势，服务业的利用外资额所占比重超过了制造业在全国的比重，可见，服务业最近几年得到了快速发展，这也从一个方面说明，我国的 FDI 利用结构在发生转变。

（2）近 30 年间单位 GDP 能耗下降速度很快，说明了我国在能源利用效率方面获得了大大提高。中部六省的能源利用效率要低于东部大部分省份，主要因为东部地区在能源利用技术上高于中部地区能源利用技术，而中部地区内部也存在差异性。

（3）运用面板协整分析发现，中部地区能源效率和 FDI 之间存在长期的均衡关系。并进行面板回归分析发现，外商直接投资可以有效降低中部地区的能源强度，即 FDI 通过技术溢出提高了中部地区的技术进步，进而提高了中部地区的能源利用效率即在降低能源强度方面，自主研发更具有有效性。

第 5 章　FDI 技术溢出对中部省际能源效率的影响

中国能源效率与国外发达国家相比，能源利用效率较低，而中部地区能源利用效率与东部地区相比，中部地区能源利用效率较低。中部地区经济发展在中国具有相当重要的地位，如何提高中部地区能源利用效率，对于提高中国整体能源利用效率和完成中国节能减排的目标，具有重要意义。本章主要从 FDI 技术溢出角度来研究其对中部地区全要素能源效率的影响，这样对于降低中部的能源消耗以及提高能源利用效率都有着重要的意义。

5.1　中部省际能源消费现状

本节在分析 FDI 技术溢出对中部地区全要素能源效率影响时，先分析了中部地区在中国能源消费所处的位置，以此了解中部地区能源消费所面临的压力和中部地区能源效率的概况。

5.1.1　中国省际能源消费比较

多年来中国各省的能源消费量在逐年上升，表 5.1 中给出了主要年份各省份的能源消费量，在 1997—2010 年，能源消费量平均值在 1 万 t 标煤以上的有河北省、山西省、辽宁省、江苏省、浙江省、山东省、河南省、广东省和四川省。在这 9 个省市中，河南省和山西省属于中部地区，而这两个省都有丰富的煤炭资源，都属于能源生产和能源消费大省，而经济发展水平也相对其他中部省份较高，所以需要消耗大量的能源来支持经济的发展，同时，中部地区能源利用效率与东部地区相比还是存在一定差距，要产生同样的经济总量，中部地区就要消化更多的能源，这也是中部地区两个能源大省能源消耗量比较高的原因之一。而其他几个省市在经济总量方面都是经济大省，工业化程度较高，对能源的需求也较高，所以也就消耗了大量的能源。

另外，中部地区其他 4 个省份在 1997—2010 年，能源平均消费情况如下：安徽省是 6 345 万 t 标煤，江西省是 3 763 万 t 标煤，湖北省是 9 198 万 t 标煤，湖南省是 8 093 万 t 标煤。从中可以看出，在中部地区 6 个省份中，湖北省和湖南省在这 14 年间能源平均消耗量是仅次于河南省和山西省的，并且接近于 1 亿 t 标煤。而安徽省和江西省的平均消耗量相对于其他 4 个省份较低。

表 5.1　主要年份省际能源消费量　　单位：万 t 标煤

地区	1997 年	1998 年	2000 年	2005 年	2010 年	平均值
北　京	3 833	3 913	4 212	5 522	6 954	5 151
天　津	2 459	2 445	2 794	4 115	6 818	3 920
河　北	9 033	9 151	9 893	19 789	27 531	16 903
山　西	6 983	6 626	6 735	12 312	16 808	11 106
内蒙古	3 374	3 050	3 540	9 643	16 820	8 289
辽　宁	9 474	9 106	10 766	14 685	20 947	13 559
吉　林	4 333	3 751	3 655	5 958	8 297	5 510
黑龙江	6 435	5 975	6 166	8 026	11 234	7 763
上　海	4 759	4 874	5 492	8 069	11 201	7 512
江　苏	7 991	8 118	8 612	16 896	25 774	14 638
浙　江	5 447	5 657	6 560	12 032	16 865	10 514
安　徽	4 405	4 575	4 879	6 517	9 707	6 345
福　建	2 536	2 579	2 943	6 175	9 809	5 438
江　西	2 132	2 028	2 220	4 286	6 355	3 763
山　东	9 154	9 012	8 203	23 610	34 808	19 572
河　南	6 711	7 244	7 876	14 625	21 438	12 825
湖　北	6 109	6 046	6 269	9 851	15 138	9 198
湖　南	4 808	4 894	4 071	9 110	14 880	8 093
广　东	7 953	8 376	9 448	17 769	26 908	15 684
广　西	2 605	2 438	2 669	4 981	7 919	4 423
海　南	390	407	480	820	1 359	772
四　川	9 284	10 027	10 613	15 661	25 747	15 066

地区	1997 年	1998 年	2000 年	2005 年	2010 年	平均值
贵　州	3 960	4 315	4 325	6 429	8 175	5 744
云　南	3 429	3 364	3 207	6 024	8 674	5 342
陕　西	3 111	3 022	2 731	5 424	8 882	5 032
甘　肃	2 581	2 687	3 012	4 368	5 923	3 996
青　海	707	739	879	1 670	2 568	1 476
宁　夏	805	827	974	2 510	3 681	2 071
新　疆	3 230	3 280	3 316	5 507	8 290	5 049

注：数据来源，《中国能源统计年鉴》（1997—2011 年）。

5.1.2　中部省际能源消费比较

中部六省在能源消费上存在一定的差异性。从图 5.1 来看，一方面各省在能源消费变化上呈现稳定上升的趋势；另一方面，在中部地区内部，各省间的能源消费也不尽相同。从整体变化趋势来看，从 1997—2001 年，六省的能源消费量基本上上升的趋势不太明显，即比较平缓。原因可能是受金融危机的影响，经济发展水平受到的一定的限制，所以能源的消耗量增长趋势不明显。但从 2002 年至今，六省的能源消费增长趋势比较明显。通过中部地区六省间的能源消费量比较，可以发现河南省的能源消费总量是在中部地区最大的，同时，河南省的经济总量也是中部地区最大的。从这个角度来看，中部地区经济发展虽然和东部地区相比存在一定的差距，经济结构，资源禀赋等也不相同。能源消费量在一定程度上对经

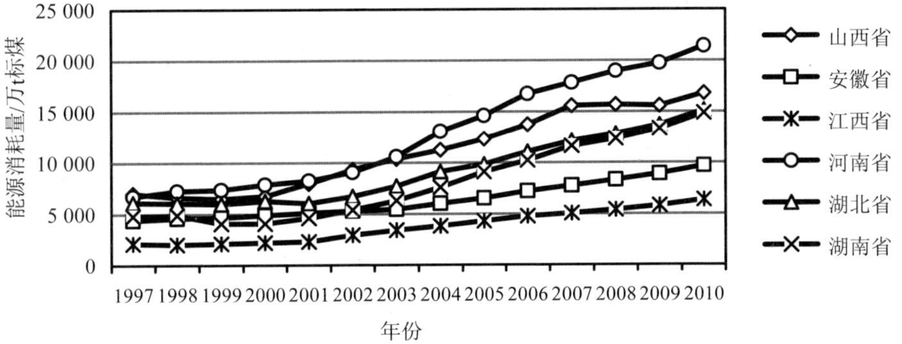

图 5.1　中部地区能源消费变化趋势（1997—2010 年，数据来源见附表 3）

济发展起到了重要的贡献作用，也就是说，中部地区的经济发展要依靠能源的消耗，这也与中部地区产业结构比较相似，即中部地区现在处于工业化初期阶段，经济的发展主要依靠能源的消耗。在六省中，山西省能源消费量处于第二位，仅次于河南省，而江西省的能源消费量最少。

5.2 中部省际能源效率的测算

对中部地区能源效率的测算在这章将采用全要素能源效率测算方法，具体测算方法如下所述。

5.2.1 全要素能源效率测算模型介绍

数据包络分析是用于评价决策单元效率且利用线性规划运算的数学过程，是一个考虑多投入和多产出的评价多个决策单元效率的一种方法。由 Charnes 和 Cooper 于 1978 年共同提出和创建的，其基本思想就是对多个决策单元组成评价群体，利用投入和产出的比例来确定评价单元的效率，可针对具有多个决策单元的效率评价和业绩评价。

本节将应用基于投入导向规模报酬不变的数据包络模型来测算全要素能源效率。首先，假设有 W 个决策单元，每个决策单元有 N 种投入和 M 种产出。第 W 个决策单元的投入与产出分别用列向量 x_i 与 y_i 表示。投入矩阵和产出矩阵共同构成了所有决策单元的数据。通过线性规划可以得到下面的 DEA 优化模型：

$$\begin{aligned} &\min_{\theta,\lambda} \theta \\ &\text{s.t} \ -y_i + Y\lambda \quad 0 \\ &\theta x_i - X\lambda \quad 0 \\ &\lambda \quad 0 \end{aligned} \qquad (5\text{-}1)$$

其中 θ 表示标量，即投入相对于产出的有效利用程度，λ 为 $W\times 1$ 的常数向量。当 $\theta=1$ 时，说明决策单元是技术有效的；当 $\theta<1$ 时，说明决策单元技术效率损失，即存在 $1-\theta$ 的技术效率损失。这样就可以根据测算出来的值对能源效率进行判断，技术效率损失的越大，说明能源消耗的量也越大，即能源效率值越小。

要想把方程变成规模报酬不变的假设，只有增加约束条件 $W_1'\lambda=1$（其中 W_1

是 $W\times1$ 向量）。从规模报酬来看，可以分为规模报酬可变和规模报酬不变两种。在利用 DEA 模型计算时，要根据实际情况选择到底是规模报酬可变还是规模报酬不变。基于投入角度的 DEA 测算方法是评价使用哪种比率的投入才能使得投入最少，而基于产出角度的 DEA 测算方法是用相同的投入得出最大的产出。当在可变规模报酬下对决策单元进行效率评价时得出的结果是不等的，而在规模报酬不变的情形下，基于投入导向和产出导向这两种测算方法测算出的结果是相等的。由于本章在对中部地区全要素能源效率测算时主要考虑投入要素，即考虑在产出一定的条件下，以何种比率进行投入才能使得投入最小，也就是说确定产出一定，要测算出能源投入量投入的最小的目标值，才能计算出全要素能源效率。

如图 5.2 所示，处于前沿面上的决策单元 C 和 D 都是有效率的决策单元，它们构成了最优前沿面，但是 A 和 B 属于无效率的决策单元，即它们与有效率的决策单元 C 和 D 相比是存在过度的投入，也就是说，一样的产出需要投入更多的能源。对于点 A，在保持产出不变的情况下，能源投入可以减少 AA′，同时可以继续保持产出不变的情况下减少能源投入 A′C 到达 C 点，A′C 为点 A 的投入松弛量（Slack Adjustment）。同时对于无效率的点 B，要减少 BB′能源投入量就可以达到前沿面点 B′，这需要经过径向调整才能达到。这样就可以看出，对于无效率的 A 和 B 两点可以在保持产出不变的情况下，减少一定的能源投入量，使得 A 和 B 两点到达 A′和 B′点，从而到达前沿面上。

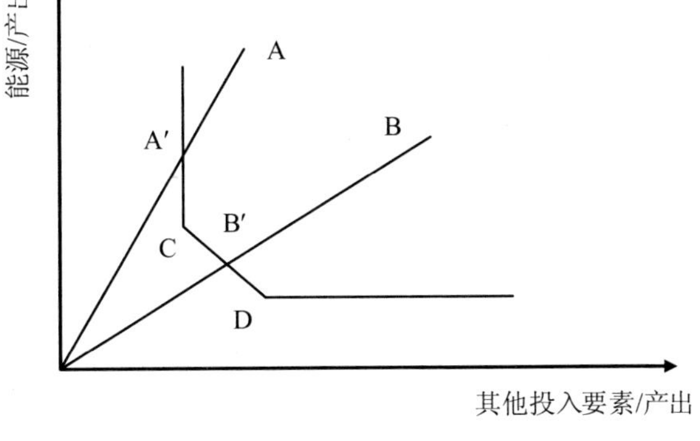

图 5.2　基于投入导向规模报酬不变的 DEA 模型

在图 5.2 中，B′点是无效点 B 在前沿面上的参照点，可以通过两个部分进行调整，一个是通过径向调整来减少能源投入量，即 AA′；另一个就是通过松弛调整来减少能源投入量即 A′C，所以，通过减少能源投入量，AC=AA′+A′C 即为点 A 达到参照点 C 所需要调整的能源量。AC 值越大就说明需要节约的能源量越多，该值越小说明 A 点的效率越高，需要调整或者减少的能源投入量越少。对于 C 和 D 这两点，位于前沿面上，说明这两点处于最佳有效点，这两点不需要调整能源消耗量，即能源效率值最大，即这时的全要素能源效率值为 1。

由于测算全要素能源效率时，要考虑包括能源在内的其他要素投入，例如资本投入和劳动力投入。位于前沿面上的决策单元其全要素能源效率值为 1，即不存在冗余，而不在前沿面上的点即存在冗余，它的全要素能源效率值是目标值除以实际值，其值要小于 1，该值越大说明全要素能源效率越高。

5.2.2 中部省际全要素能源效率测算

本节对中部地区能源效率的测算基于投入导向规模报酬不变的 DEA 模型，利用“最优能源投入/实际能源投入”作为能源效率指标，其表达式为（5-2）。该式说明了当前生产技术水平下，在一定的产出下所需要的最少量的能源投入。

$$\mathrm{EE}_{i,t}=\mathrm{TEI}_{i,t}/\mathrm{AEI}_{i,t}=1-(\mathrm{LEI}_{i,t}/\mathrm{AEI}_{i,t}) \tag{5-2}$$

式中：i——第 i 个省（市、自治区）；

t——时间；

EE——能源效率；

AEI——实际能源投入量；

LEI——损失的能源投入量；

TEI——目标能源投入。

借鉴 Hu 和 Wang 的方法，在研究中部地区全要素能源效率时，国内生产总值作为产出，以劳动力、能源消费资本存量和作为投入，这也就可以计算出中部地区的能源效率。

（1）投入与产出变量说明

模型中涉及的数据为我国中部 6 个省（山西省、安徽省、江西省、河南省、湖南省、湖北省）的相关数据，来源于《中国统计年鉴》（1998—2009 年）和《中国能源统计年鉴》（1998—2009 年）。本书以资本、劳动和能源作为 3 种投入要素，国内生产总值则为产出数据。具体说明如下：

① 能源投入。以中部各省的年能源消耗量为基础数据，单位为万 t 标煤。

② 资本投入。统计年鉴中无资本存量，本书采用永续盘存法进行估算。单豪杰（2008）重新估算了 1952—2006 年全国和省级的资本存量。本书作者利用单豪杰的方法测算了 2007—2009 年的资本存量。

③ 劳动投入。以中部六省各年年初、年末就业人数的均值计算，单位为万人。

④ 产出数据。以中部六省年国内生产总值为基础数据，单位为亿元，并以 2000 年不变价格折算。

（2）全要素能源效率测算结果

如果单独计算中部六省的全要素能源效率，可能会因为决策单元太少而影响结果，所以把全国 30 个省市放在一起进行测算。并利用相关的 DEA 软件来测算全国各省市的全要素能源效率，其中表 5.2 列出的是 1998—2009 年中部六省全要素能源效率。

表 5.2 中部地区全要素能源效率

地区	1998年	1999年	2000年	2001年	2002年	2003年	2004年	2005年	2006年	2007年	2008年	2009年
山西	0.507	0.479	0.492	0.479	0.443	0.453	0.525	0.523	0.513	0.479	0.536	0.573
安徽	0.739	0.748	0.781	0.774	0.865	0.922	0.964	0.991	1.000	1.000	1.000	1.000
江西	0.670	0.696	0.703	0.725	0.726	0.711	0.778	0.783	0.784	0.775	0.744	0.716
河南	0.477	0.497	0.581	0.520	0.619	0.618	0.608	0.649	0.653	0.665	0.684	0.660
湖北	0.585	0.579	0.597	0.614	0.632	0.651	0.674	0.690	0.708	0.721	0.769	0.776
湖南	0.624	0.697	0.800	0.696	0.737	0.741	0.752	0.748	0.781	0.768	0.798	0.804

从表 5.2 可以看出，安徽省 2006—2009 年的效率值都为 1，说明这几年安徽省的能源效率是最高的，位于决策单元所构成的前沿面上。从整体来看，每个省份的能源效率都是准年上升的，从能源效率平均值来看，安徽省的能源效率平均值最高，达到 0.899。与东部地区相比，中部地区的全要素能源效率要低于东部地区的能源效率，主要原因可能是东部地区的节能技术要高于中部地区，

并且能源消费结构和产业结构也不一样，它们也是影响能源效率之间差距的主要原因。

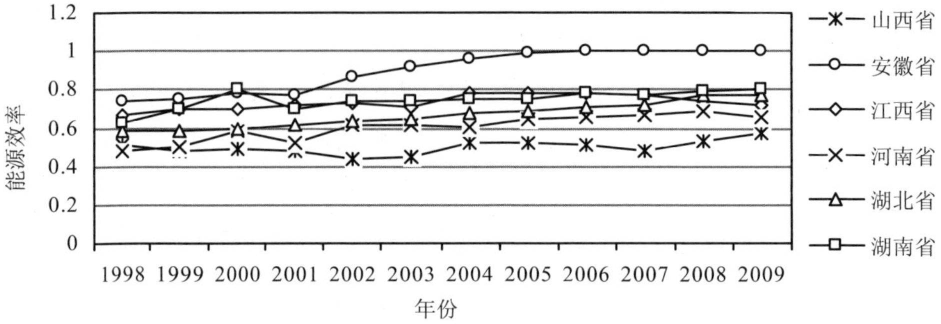

图 5.3 中部地区能源效率变化趋势（1998—2009 年）

从图 5.3 中部地区全要素能源效率变化趋势图来看，在中部六省中，山西省能源效率最低，其曲线位置位于其他五省下面，其次是河南省。安徽省全要素能源效率在中部地区最高，并且在最近几年其能源效率都达到了 1，即位于了前沿面上。江西省、湖北省和湖南省这 3 个省份的能源效率处于其他 3 个省份之间。从整体来看，从 1998—2009 年，中部地区能源效率基本上呈现逐渐上升的趋势，即这 6 个省份的全要素能源效率在逐步提高。

5.3 中部省际国内外 R&D 资本存量测算

5.3.1 中部省际国内 R&D 资本存量

发展中国家通过两个技术溢出的渠道：国际贸易和外商直接投资，来获得国外的先进技术，本节主要研究外商直接投资的技术溢出对中部地区的能源效率的影响。另外，自主研发可以有效提高一国的技术水平，并且可以进一步更好地吸收国外的先进技术进而提高技术进步。以往文献在探讨外商直接投资对中国技术进步的影响时，选取的指标是 FDI 总额，本章节选取的指标是国际 R&D 溢出。通过测算出外商直接投资带来的国际 R&D 溢出，来说明对中部地区能源效率的影响。国内 R&D 和国际 R&D 的资本存量测算如下面章节。

有些学者和专家采用各省各年度科技活动经费内部支出来代替 R&D 投入，但最近几年《中国科技统计年鉴》没有这个统计数据，所以在此选择了中部六省各年度 R&D 经费内部支出数据来表示 R&D 投入。数据来自历年《中国科技统计年鉴》。

表 5.3　中部地区各年度 R&D 经费内部支出费用　　单位：万元

年份	山　西	安　徽	江　西	河　南	湖　北	湖　南
1998	68 799	86 707	43 842	118 124	236 884	89 005
1999	80 362	112 264	62 317	139 038	288 328	133 325
2000	99 000	200 000	82 000	248 000	348 000	192 000
2001	108 200	210 500	77 600	283 100	368 500	239 800
2002	144 000	257 000	117 000	293 000	479 000	262 000
2003	158 000	324 000	170 000	342 000	548 000	301 000
2004	234 000	379 000	215 000	424 000	566 000	370 000
2005	262 800	459 000	285 300	555 800	749 500	445 200
2006	363 000	593 000	378 000	798 000	944 000	536 000
2007	493 000	718 000	488 000	1 011 000	1 113 000	736 000
2008	625 574	983 208	631 468	1 222 763	1 489 859	1 127 040
2009	808 563	1 359 535	758 936	1 747 599	2 134 490	1 534 995
2010	898 835	1 637 219	871 527	2 111 675	2 641 180	1 865 584

注：数据来源，《中国科技统计年鉴》（1998—2011 年）。

借鉴 Coe 和 Helpman 的做法，我们以中部各省 R&D 累计的资本存量作为国内各省 R&D 资本，采用如下的计算公式：

$$K_{it} = I_{it-1} + (1-\delta) \times K_{it-1} \tag{5-3}$$

式中：K_{it} —— 地区 i 在 t 年的资本存量；

I_{it-1} —— 地区 i 在 t−1 年的 R&D 支出；

δ ——折旧率（假设折旧率分别为 5%）。

$$K_{i0} = I_{i0} / (g + \delta) \tag{5-4}$$

式中：K_{i0} —— 地区 i 可得的最早年份的资本存量；

g——期间平均的 R&D 支出增长率（此值由几何平均增长率得到）；

δ——折旧率。

在计算各地区的资本存量时，将各年的研发支出折算成2000年不变价。以式（5-4）计算出各省 1998 年的研发资本存量，再以式（5-3）计算出随后各省各年的 R&D 资本存量。具体数值如表 5.4 所示。

表 5.4　中部六省国内 R&D 资本存量　　单位：亿元

地区	1998年	1999年	2000年	2001年	2002年	2003年	2004年	2005年	2006年	2007年	2008年	2009年
山西	26.0	33.0	41.2	49.9	61.8	74.2	92.3	111.7	138.6	173.9	214.0	267.1
安徽	27.8	37.7	55.8	74.1	96.1	122.9	151.9	186.3	230.5	280.5	344.7	438.2
江西	13.5	19.1	26.4	32.9	43.0	57.5	74.7	97.2	126.4	162.0	204.1	255.5
河南	38.4	50.5	72.7	97.3	121.7	148.9	179.9	220.4	279.4	350.0	427.2	543.9
湖北	94.6	118.8	147.7	177.1	216.2	258.8	298.2	350.8	417.0	490.6	583.4	723.7
湖南	29.1	41.2	58.3	79.4	101.6	125.9	153.9	186.3	224.2	274.4	347.9	449.7

5.3.2　中部省际国外 R&D 资本存量

全球的研发投入主要集中在经济合作与发展组织（OECD）的成员国。在此选取 OECD 中的 G-7 国（美国、日本、法国、加拿大、德国、英国、意大利）来衡量国外的 R&D 资本存量。G-7 国各国 R&D 支出数据的计算过程：G-7 国各年的 GDP（用 2000 年不变价美元表示）来源于 WDI（World Development Indicators）数据库；G-7 国各年的 R&D 支出占 GDP 的比值来源于 Fackbook 2006 和 Fackbook 2011；两者相乘得到 G-7 国各年的 R&D 支出。再将各国的 GDP 和研发支出乘以当年的汇率换算成人民币。最后以式（5-3）和式（5-4）求得 1998—2009 年的 R&D 资本存量。

表 5.5　G-7 国家研发投入　　单位：亿美元

年份	加拿大	德国	法国	美国	日本	意大利	英国
1998	114.886	409.696	264.752	2 352.263	1 363.232	109.514	242.820
1999	125.374	441.871	276.046	2 504.948	1 370.376	107.943	259.992
2000	138.460	465.554	285.512	2 685.320	1 418.905	115.221	268.425
2001	154.211	473.252	297.570	2 715.536	1 458.928	121.785	270.335
2002	154.924	479.023	304.724	2 659.362	1 486.197	126.828	275.886
2003	157.064	483.741	299.750	2 726.447	1 521.470	124.562	277.294
2004	163.481	483.045	304.324	2 751.590	1 548.567	125.330	275.072
2005	165.207	484.875	302.881	2 869.057	1 653.211	124.879	288.319
2006	163.852	510.843	309.457	2 996.543	1 728.538	133.013	300.119
2007	163.247	52 652.440	313.107	3 125.128	1 794.926	139.757	325.243
2008	161.762	56 588.639	318.871	3 299.811	1 781.393	144.095	316.295
2009	162.355	56 281.883	329.231	3 250.667	1 639.033	141.805	316.133

对于国外 R&D 资本的权重选择，在此依据 Lichtenberg 等的公式来设定中部地区获得的国外 R&D 资本，即

$$S_{it}^{f}=\frac{N_{it}}{N_{t}}\sum_{j=1}^{7}\frac{n_{jt}}{y_{jt}}S_{jt}^{d} \qquad (5\text{-}5)$$

式中：S_{it}^{f}——中部地区 i 在时期 t 的国外研发；

n_{jt}——t 时期国外 j 对中国外商直接投资；

y_{jt}——国家 j 的 GDP；

S_{jt}^{d}——国家 j 的研发资本；

N_{it}——地区 i 在时期 t 的外商直接投资；

N_{t}——国外对中国总的外商直接投资（将美元折算成人民币）。

中国外商直接投资数据来源于历年《中国统计年鉴》，将以上数据换算成以 2000 年不变价。图 5.4 是中部六省的国外 R&D 的资本存量变化趋势。

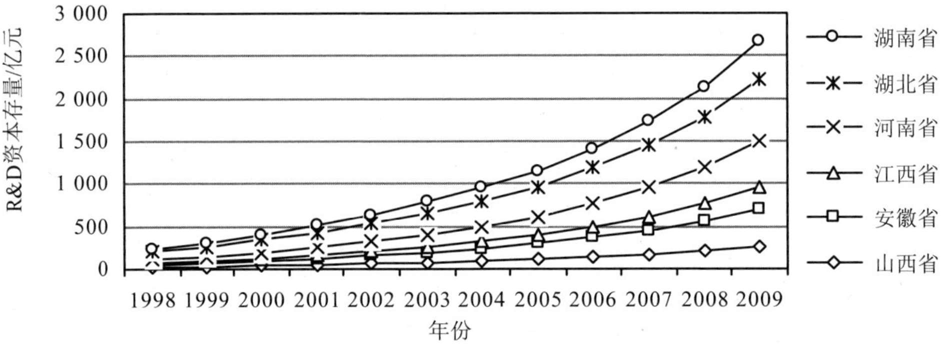

图 5.4 中部六省国外 R&D 资本存量趋势（1998—2009 年）

5.4 技术溢出对中部省际能源效率的实证分析

5.4.1 模型设定

测算出的中部六省的全要素能源效率值介于 0～1，属于截值数据，适用于处理限值因变量的 Tobit 模型，来分析各因素对能源效率的影响。研究样本的时间为 1998—2009 年，截面为中部 6 个省的面板数据，Tobit 模型构建如下：

$$\mathrm{EE}_{it} = C + \beta_1 D_{it} + \beta_2 I_{it} + \sum \beta_j X_{jit} \qquad (5\text{-}6)$$

式中：EE_{it} —— 测算出的中部各省全要素能源效率；

D_{it} —— 国内 R&D 带来的技术进步，用中部各省 R&D 资本存量占该省的国内生产总值的比值表示；

I_{it} —— 外商直接投资 R&D 溢出带来的技术进步，用各省的国外 R&D 资本存量占该省的国内生产总值的比值表示；

X_{jit} —— 控制变量，代表影响全要素能源效率的其他因素。

控制变量包括：①产业结构。产业结构的变动在一定程度上影响一个地区的经济发展水平，同时也影响一个地区的能源消耗量。在我国，第二产业在产业结构中占有较大比重，而第二产业的发展则需要消耗大量的能源，所以，为了提高能源效率，减少能源消耗量，尽量来调整产业结构。产业结构变量用各省第三产业增加值占本省 GDP 中比重来表示。②工业化水平。工业化水平在一定程度能够反映一个地区的经济发展水平，本书以工业化水平来代替一个地区的经济发展水平，所以将不再考虑经济发展水平这一因素。在此用地区工业增加值占地区国内生产总值的比重来表示地区的工业化水平。③能源消费结构。众所周知，我国目前的能源消费结构主要以煤炭消费为主，并且在大多数省份占的比例达到 70%作用，煤炭的消费一方面影响能源消费量，另一方面也影响了地区的能源利用效率。在此，能源消费结构这个变量则以中部各省煤炭消费量占总能源消费量的比值来表示。控制变量的数据来自《中国统计年鉴》和《中国能源统计年鉴》。

在此给出能源效率和 FDI 的拟合曲线图（见图 5.5，纵坐标为能源效率、横坐标为 FDI），从图中可以看出，FDI 和能源效率之间存在正向比例关系，即 FDI 的增加可以提高能源效率。具体能源效率和 FDI 资本存量之间的关系，则利用式（5-4）模型进行回归实证分析，来确定 FDI 是否对能源效率提高起到有效的促进作用。

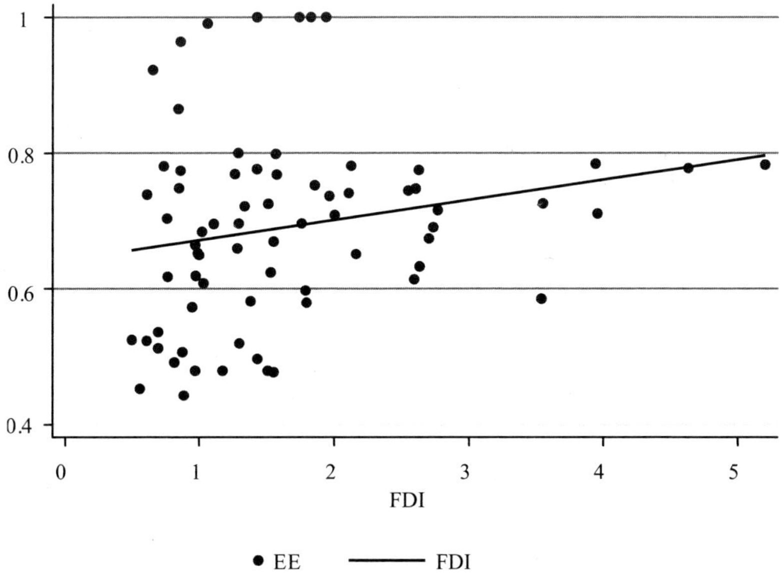

图 5.5　能源效率和 FDI 的拟合曲线

5.4.2 实证结果分析

通过对式（5-4）Tobit的方程进行回归分析，得到的回归结果见表5.6，在模型Ⅰ中，除了工业化水平，其他变量都通过了检验，在此将工业化水平这个变量去掉，再次回归得到模型Ⅱ。通过对比两个回归模型可以看出，模型Ⅱ各变量显著性和系数符号并没有发生太大变化，可以说明该模型是具有稳健性，模型分析结果可靠。

① 在模型Ⅰ和模型Ⅱ中，通过研究国内研发和FDI技术溢出对中部地区能源效率的影响发现，FDI技术溢出能够提供中部地区的技术水平，技术水平的提高又可以提高能源利用效率。中部地区的自主研发存量与能源效率是正向关系，它也可以提高能源效率。根据系数的大小可以判断，自主研发的系数大于FDI技术溢出的系数，这就可以说明，中部地区所进行的自主研发对于本地区更有适应性，另外，中部地区的自主研发可以在一定程度上有利于对国外节能技术的吸收，又进一步提高了能源利用水平。外商直接投资可以通过4种溢出渠道产生技术溢出效应，从而来提高中部地区的能源效率。

表5.6 中部地区能源效率影响因素Tobit模型分析结果

变量	模型Ⅰ	模型Ⅱ
国内研发	0.022 3*** （6.50）	0.020 8*** （13.45）
国际研发	0.016 5*** （2.62）	0.016 1*** （2.58）
产业结构	0.008 3*** （6.15）	0.008 7*** （7.03）
工业化水平	−0.000 5 （−0.48）	
能源消费结构	0.003 7*** （4.40）	0.003 4*** （5.18）
对数似然值	121.367 2	121.252 1
Wald检验	600.20***	573.49***

注：***、**和*表示在1%、5%和10%的水平上显著。

② 工业化水平与能源效率之间存在负相关关系，但不显著。一般来说，一个地区的工业化水平越高，说明技术水平要比工业化水平低的地区高。然而，工业化水平高的地区可能因为消费了大量的能源，而这些能源的大量消耗，抵消了技术提高对能源效率的影响。

③ 能源消费结构与全要素能源效率呈正相关关系，且通过了显著性检验。这里分析能源消费结构对能源效率的影响，考虑的指标是煤炭消费占总能源消费的比重，由于中部地区正处于工业化阶段，煤炭消费比重不断上升，而技术水平也在不断上升，这在一定程度上形成了共同上升的态势，其主要原因还是中部地区的工业化阶段对这种现象的影响。

④ 产业结构与全要素能源效率之间存在显著的正相关关系。就目前而言，中部地区的第三产业结构的比例在不断上升，但比例值是非常低的，第三产业主要是以服务业为主的产业，这些产业在生产过程中，消耗的能源比较少，可以在一定程度上来提高能源效率。

5.5　本章小结

本章首先对我国能源消费概况和中部地区六省的能源消费现状进行分析，随后研究了国内研发和 FDI 技术溢出对中部地区能源效率的影响进行的研究，得出以下结论：

在 1997—2010 年，能源消费量平均值在 1 亿 t 标煤以上的有河北省、山西省、辽宁省、江苏省、浙江省、山东省、河南省、广东省和四川省，在这 9 个省市中，河南省和山西省属于中部地区，而这两个省都属于能源生产和能源消费大省，中部地区经济发展要依靠能源的消耗。

通过研究国内研发和 FDI 技术溢出对中部地区能源效率的影响发现，FDI 技术溢出能够提供中部地区的技术水平，技术水平的提高又可以提高能源利用效率。中部地区的自主研发存量与能源效率是正向关系，它也可以提高能源效率。根据系数的大小可以判断，自主研发的系数大于 FDI 技术溢出的系数，这就说明，中部地区所进行的自主研发对于本地区更有适应性。另外，中部地区的自主研发可以在一定程度上有利于对国外节能技术的吸收，又进一步提高了能源利用水平。

外商直接投资可以通过 4 种溢出渠道产生技术溢出效应，从而来提高中部地区的能源效率。除了这两个关键要素以外，本书还考虑了能源消费结构，产业结构和工业化水平等控制因素来分析这些因素对能源效率的影响。产业结构和能源消费结构都有能源效率呈正向关系，而工业化水平则与能源效率是负向关系。说明可以通过改变第三产业的结构比重来提高能源效率。

第 6 章　发达国家能源效率政策及其对中国的启示

发达国家在能源效率政策制定方面走在了世界的前面，他们有着先进的能源利用技术和水平，拥有提高能源效率的相关政策经验。作为最大的发展中国家，我国能效水平与国外先进水平相比有很大的差距，在能源效率政策制定方面也相对落后，所以应该学习发达国家的先进能效政策经验，不断提高我国的能源利用水平。在本章里，对日本、美国以及欧盟等发达国家在法律机制、财税政策和技术研发政策方面进行总结，以期为中国能源效率政策制定提供决策依据。

6.1　日本能源效率政策

6.1.1　法律机制

《能源利用合理化法》（又称《节约能源法》）是日本能源的核心法律。该法的施行使相关企业在不增加能源消耗的前提下，有效实现了经济总量的大幅增加。日本《能源利用合理化法》于 1979 年 6 月 22 日制定，并分别于 1993 年、1997 年、1998 年、1999 年、2002 年、2005 年和 2006 年等进行了多次修改。在体系结构上，《能源利用合理化法》包括总则、基本方针、工厂的相关措施、运输相关的措施、建筑物相关的措施、机械器具相关的措施、杂则、罚则和附则 8 章，共 99 个条文。首先，该法明确规定了其立法目的。即“适应国内外关于能源的经济和社会环境，确保燃料资源的有效利用，本法试图通过构筑综合推进工厂、运输、建筑物以及机械器具等有关合理使用能源的必要措施，以及合理使用其他能源的必要措施，以实现国民经济健全发展之目的”（第 1 条）。其次，该法明确了其基本方针。即从综合推进工厂、运输、建筑物以及机械器具等行业合理使用能源的思想出发，经济产业大臣制定有关能源合理化使用的基本方针，并予以公布。最后，该法分别对工厂、运输、建筑物、机械器具等相关行业合理使用能源的具体措施进行了详细规定。《能源利用合理化法》通过严格规定能源标准，提高了建筑、汽车、家电、电子等产品的节能标准，不达标产品禁止上市。（罗丽，2007）

6.1.2 财税政策

2002年以来，日本在税制扶持方面对企业节能减排制定了4项规定，即增加试验研究费的特别抵扣制度；与试验研究费总额有关的特别抵扣制度；强化中小企业技术基础税制；研发设备的特别折旧制度。其中，尤以增加试验研究费的特别抵扣制度最为突出。该制度规定：以2003年3月31日为新税制事业年度期限，该年度试验研究费金额比过去5年中最高3年的平均额有所增加时，其增加部分的15%可从法人税中抵扣，但抵扣额不得超过应缴法人税的12%。对日本新税制的实施，有关实证研究表明：每一美元的抵扣，可诱发一美元以上企业节能减排经费投入的效果。近年来，日本对企业使用列入目录的111种节能减排设备，实行税收减免优惠。2006年税制改革就规定：企业购置节能减排设备，其购置费的30%可作为特别折旧。通过这一政策减免的税收占企业设备购置费的7%左右。此外，政府金融机构对企业购置节能减排设备实施低息贷款。2005年，日本政策投资银行就发放低息贷款6项，金额为26.2亿日元；中小企业金融公库发放73项，金额为63.4亿日元；国民生活金融公库发放106项，金额为14.38亿日元。（杨书臣，2008）

为了鼓励企业和社会节能，日本实施了一系列有利于节能的积极财税政策，促进了企业和社会节能的积极性。一是对于采用节能设备的企业给予税收优惠。对于使用指定节能设备的中小企业给予7%的税额减免。二是对于采用节能设备和产品的消费者给予一定的补助。比如，为了推广家用光伏发电设备，各都、道、府、县分别制定了不同的补助标准，其中，横滨市最高可补助12万日元/kW·h。对于企业引进节能设备、实施节能技术改造政府可给予总投资额的1/3到1/2的资金补助（一般项目补助上限不超过5亿日元，大规模项目补助上限不超过15亿日元）。三是设立专门的节能资金。日本在国家预算中安排专门的节能资金，2007

年节能对策预算资金规模高达 1 100 亿日元，以实施支援企业节能和促进节能的技术研发等活动。上述措施，促进了节能设备和产品的推广和应用，反过来又降低了节能设备和产品的成产成本，形成了一个有利于节能产品推广和应用的良性循环机制。（贾若祥，2008）

对电动汽车购买者给予超价补贴、低息贷款和减税 7%等优惠。同时，调低电动汽车的增值税、购买税和年税。日本通产省规定，电动汽车的购买者和租赁企业将受到相当于电动汽车与普通汽车价格之差 50%的补贴，给当地政府和私人企业的补贴额达到了车辆的 50%和 25%；环境厅规定，地方团体购买电动汽车，可以从健康受害补偿预防资金中抽出 1/2 作购买费用，个人购买可抽出 1/4 作为补助费；运输省和自治省则规定，税款方面给予一定的优惠，鼓励购买和使用电动汽车。（朱红琼，2009）

6.1.3　技术研发政策

2006 年日本颁布了“新国家能源战略”及“基础能源计划”，共同规定了日本的节能技术战略，详述了通过节能技术可解决的问题，并制定了解决这些问题的技术发展路线图。更具体地，节能技术战略还对以下能源技术的未来商业化发展进行了归类分析，包括以下几类：总体能源效率的提高；交通部门燃料多样化；新能源发展，促进和推广；核能及安全；化石能源的供应安全及清洁高效利用。（魏一鸣等，2010）

首先，经济产业省 2007 年经济产业政策预算额为 7 531 亿日元，其中用于推进能源环境对策的经费达到 5 672 亿日元，占总额的 75.3%。从发展过程来看，2002 年经济产业省推进能源环境对策费为 1 312 亿日元，与 2001 年的 1 093 亿日元相比，增长了 20.0%；而 2002—2007 年的年均增长率则高达 34.0%。在推进能源环境对策费中，用于节能减排技术开发的费用，2002 年为 45 亿日元，2007 年增至 502 亿日元，5 年间年均增长率高达 62.0%。其次，是技术创新日益增强。研究开发费用占 GDP 的比率，是从国家层面衡量技术创新投入强度的一个重要指标。2005 年日本的研究开发费支出达到 178 452 亿日元，占 GDP 的比率为 3.55%。从发展过程来看，1981 年这一比率为 2.28%，1991 年为 2.92%，2001 年达到 3.35%，一直呈上升态势。而且在发达国家比较中，日本的这一比率也是最高的：2004 年美国为 2.68%，德国为 2.50%，法国为 2.14%，英国为 1.73%，日本为 3.40%。另外，研究开发费用占企业销售收入的比率，是从企业层面衡量技术创新投入强度的重要指标。统计资料显示，日本运输机械企业的研究开发费占其销售收入的比率，2002 年为 4.35%、2003 年为 4.40%、2004 年为 4.56%、2005 年为 4.47%，呈现节节攀升之势。值得一提的是，在运输机械企业中，汽车业企业的研究开发费占其销售收入的比率一直处于高位，2002 年为 4.56%，2003 年为 4.63%，2004 年为 4.80%，2005 年为 4.74%。（杨书臣，2008）

日本包括钢铁、化工、机械、电力、造纸、水泥等在内很多行业的节能技术在世界处于领先地位。雄厚的节能技术在很大程度上得益于目前建立的政府、研究机构、企业间良性互动的官—研（学）—企合作模式，即由国家财政出资资助公共研究机构开展节能技术的研发工作，一些重点的企业（产业）协会（或者重点耗能企业）派遣自己的专家到公共节能研发机构兼职，为公共节能研发机构提供市场需求方面的信息。应用公共研发机构的研发成果，需要支付一定的费用。这种合作模式，既发挥了专业节能公共研发结构的人才技术优势，又为其提供了紧密联系市场需求的契机，政府只需投入较少的“种子资金”，就可以产生非常好的效果。（贾若祥，2008）

6.1.4 其他节能政策

日本分别在工业部门、民用部门、交通部门以及建筑行业等方面也制定了相关的节能政策，这些部门节能政策的制定对于提高日本整体节能水平具有重要的作用。

对于工业部门，日本经济团体联合会发起了节能减排自愿行动计划，钢铁、化工、造纸、水泥、电力等重点耗能企业协会根据本行业耗能情况和节能潜力，制定本行业的年度节能目标，每年度进行考核并公开对外发布，提高了企业节能的责任心和积极性，取得了明显成效，使得日本产业部门产值在稳定增长的同时，总体能耗一直呈下降状态。

对于民用部门，则推行领跑者行动。目前，领跑者行动涵盖了电视、冰箱、微波炉、计算机、复印机等大部分家用和办公用电器，而且其涵盖范围还在不断拓展。领跑者行动使得居民在同等能源消费的情况下，获得更为舒适的生活。2006

年，日本民用部门的总体能源消费首次出现下降的势头。

对于交通部门，除了推行领跑者行动之外，还积极推广怠速停用技术的广泛应用，并加强交通物流的智能化管理。怠速停用功能即车辆停止时停止发动机运转的“无空转”功能，此项功能可减少燃油消耗 10%左右。此外，在交通部门大力推行电子收费等现代信息管理手段，提高交通运输的智能化程度，鼓励小排量汽车和公共交通的发展。交通部门的总体能耗相对稳定，并呈略有下降的趋势。（贾若祥，2008）

日本在建筑物节能方面的法律制定了建筑物拥有者有义务指导和建议、对指定建筑物的指示这 3 条原则。建筑物拥有者义务原则的内容包括，那些想建造或修改房屋的建筑委托商和建筑物的拥有者必须在建筑物外墙、窗户等方面采取适当措施防止建筑物内的热量流失，在诸如空调、机械通气系统、照明、热水器和电梯等建筑物设备方面注意高效节能，努力在各方面提高建筑物能源合理利用率。2008 年 1 月，日本经济产业省和土地基础设施交通部发布了对建筑物的新标准，同时发布了对家庭的新标准。在 2008 年的《能源节约法》的修订中将非住宅楼层面积大于 2 000 m^2 的建筑物规定为“第一类指定建筑物”，将非住宅楼层面积大于 300 m^2 小于 2 000 m^2 的建筑物规定为“第二类指定建筑物”，都是为了拓展在建筑物领域的监管范围。（周鹏，2012）

6.2　美国能源效率政策

在节能方面，美国政府无论在相关能源法律制定，还是在财税政策及节能技术研发政策方面，都具有丰富的经验。在此，分别从法律机制、财税政策和技术研发政府 3 个方面分别介绍了美国的相关经验，以供中国政府在节能政策制定上作为参考。

6.2.1　法律机制

近年来，受全球应对气候变化的影响，美国政府明显加大了节能干预力度，美国国会频频出台了相关的法律法规，在 2005 年通过的《国家能源政策法案》中，它的指导思想和核心内容是，鼓励企业使用再生能源和无污染能源，并以减税等奖励措施，刺激企业及家庭、个人更多地使用节能产品和洁能产品。

在《2005年国家能源政策法案》中，首要的问题是对能效和节能提出要求。其中包括：① 鼓励石油、天然气、煤炭和电力等能源企业采取节能措施，政府在未来10年内给予全美能源企业146亿美元巨款的减税额度，鼓励企业使用再生能源和无污染能源；② 积极倡导家庭居民使用清洁能源，提出13亿美元的个人节能优惠方案，鼓励私人住宅使用无污染的太阳能设备；③ 鼓励个人购买并使用液化气、天然气、氢能等非汽油燃料的洁能汽车；④ 规定从2007年起，美国将原有“夏令时”时间增加4周，总共达到7个月，以节约宝贵的能源。

此外，与节能相比，能源的开发是法案中的一个重要部分。在新法案中启动了搁置20多年之久的核电项目。这是美国能源的一项政策转变。法案不仅对美国未来的能源开发、利用有影响，而且对企业的生产经营方向和消费者的消费取向，也起着重要的导向作用。

2005年11月7日，美国联邦贸易委员会（FTC）按照WTO透明度原则的规定，将与此法案有关的“家用器具和其他产品能耗及用水量规则的要求”通报了WTO秘书处，通报号为：G/TBT/N/USA/151，征求WTO成员的意见。说明FTC正在对有关能源的器具标签规则的有效性和改进能效标签计划，以及对该规则的成本效益及管理和经济影响等规定，征求WTO成员的评议意见。（凌善康等，2007）

6.2.2 财税政策

美国的《能源新法》提出，在未来10年内，政府将向全美能源企业提供146亿美元的减税额度，以鼓励其采取节能措施；提供50亿美元的补助鼓励企业提高能效；并对能耗高的交通运输、建筑、钢铁等部门，政府每年提供10亿美元的资金支持和鼓励相关研究部门开发高能效的运作系统。另外，《能源新法》还明确提出对可再生能源的支持，即减税27亿美元鼓励可再生能源生产。同时，对研究污染控制的新技术和生产污染替代品的企业予以减免所得税，对购买循环利用设备免征销售税，对净化水的设施建设援助也不计入所得税税基，对防治污染的专项环保设备可在5年内加速折旧完毕，并且对采用国家环保局规定的先进工艺的，在建成5年内不征收财产税。（朱红琼，2009）

6.2.3　技术研发政策

在布什政府 2001 年 3 月末宣布退出《京都议定书》并一直拒绝再签署之后，奥巴马政府在没有先决条件的情况下，重新考虑加入《京都议定书》，并以积极的态度参加国际气候谈判。奥巴马在环境保护问题上相对于布什政府的能源政策发生了很大转变，降低对石油的依赖，增加投资，鼓励新能源相关技术的研发和应用是奥巴马国家战略中的能源政策核心并期望继 20 世纪的“信息革命”之后再次掀起“能源革命”，为促进经济可持续发展注入新的活力，使能源产业成为带动美国经济增长的新引擎。

发展新能源需要依靠能源技术上的创新和突破。因此奥巴马在 7 870 亿美元刺激经济方案中，把开发太阳能、风能等新能源作为其中一大重点，其相关投资超过了 400 亿美元。按计划，在未来 3 年内，美国可再生能源的产量将翻一番，在未来 10 年内，投资 1 500 亿美元，建设一个清洁能源的未来。政府在实行此项 1 500 亿美元的清洁能源研发资金中，为从事这些研究的公司提供税收优惠，希望在解决能源问题的同时，又能围绕清洁能源所形成的产业群作为下一个经济繁荣的支撑点，并在此间增加 500 万个就业机会，同时通过加大退税和减税力度，刺激投资和消费。

在奥巴马看来，快速大规模地开发新能源技术，是全球气候恶化和美国能源对外依赖两个重要问题的最好解决办法。除此之外，美国在节约能源和实现能源供给多元化方面也制定了相应鼓励措施。（杨莉等，2011）

6.3　欧盟能源效率政策

欧盟一直是节能与环保领域的先驱，在欧盟成立初期，就开始关注了能源问题。在 20 世纪 70 年代，欧盟成立了能源委员会，制定共同能源政策。在 1995 年发表了欧盟能源政策《绿皮书》和《白皮书》，完成了欧盟能源发展总政策的制定任务。一直以来，欧盟非常关心能源安全和气候变暖问题，并不断付诸于行动。

6.3.1 法律机制

建筑物能源指令（2002年）提出了计量建筑物能耗的方法，设立新建建筑物最低能效标准，建立建筑物能源标志制度，公共建筑物上必须标示能耗证书。欧盟能源效率指令，要求在2008—2016年要节能9%，每年节能1%。此指令对公共部门、能源供应商都规定了具体的义务，并设计了详细的测算、审计和报告方法。欧盟生态设计指令规定了锅炉、热水、办公自动化设备、电视机、充电器、办公照明、街道照明、空调器等14种产品或设施的技术与经济标准。德国从1976年以来，先后颁布了8部节能减排相关法律。这些立法都有相应的政府部门负责实施，如联邦经济技术部负责节能和提高能效工作；环境和核安全部负责二氧化碳减排、再生能源和核能工作；交通、建筑与城市发展部负责交通、建筑物的节能工作。（金石，2009）

2010年6月，欧盟公布了新的节能建筑指令。新指令主要涉及家庭住宅和第三产业建筑（商务和公私服务行业）。欧盟成员必须根据指令的要求并结合本国的实际情况，在规定的期限内将指令的最低标准纳入本国的法律体系或自愿提高标准，进而在以后的新建筑工程建设中必须采取最低节能建筑标准或更高标准。建筑物最终和初期能源消耗的最低节能建筑标准包括：各种能耗和综合能耗的共同计算方法及标准；供热和冷却设施的安装；采光和照明系统设置；建筑物的位置和朝向；热量回收系统和可再生能源的利用。欧委会进行全面的统一协调，由成员国具体负责本国节能建筑最低标准的组织和实施。（张志勤，2013）

6.3.2 财税政策

在欧盟，能源补贴包括针对生产部门的补贴、购买可再生能源和节能产品的补贴。如“挪威工业节能网络规划”重点支持大型工业企业和行业的减排和能效改进项目，提供金额最多可以达到部门能源管理和监控费用的20%；英国从2010年4 月1日起推行新的“可再生能源电力强制收购补助计划”，为规模小于5MW（百万瓦）的小型太阳能发电系统家庭用户提供每年 900 英镑的补贴金额，补贴年限为10～25 年不等；德国、西班牙、意大利等国采用“固定价格收购”（FIT）制度促进可再生能源的发展，由政府强制性地规定电力公司有义务以高价格购买那些利用可再生能源开发的电力，政府提供补贴等。能效审计是通过系统地调查了解和研究用能单位的用能情况，找出用能单位的节能潜力，提出实现节能的途径和措施。如在奥地利、比利时、丹麦、芬兰、法国、德国、匈牙利、意大利、荷兰、挪威、斯洛伐克、斯洛文尼亚、立陶宛、瑞典、瑞士和英国等国，审计费用在不同程度上由财政贴补，比例从 40%～100%不等。

通过引入绿色税收，可以将温室气体排放的环境成本纳入企业产品成本和市场价格体系，促进社会各方参与节能减排行动：① 在课税方面，有能源税、交通税和污染/资源税。英国开征了“气候变化税”，瑞典、挪威、芬兰、丹麦开征了碳税等。② 在税收优惠方面，包括减税、免税、税收返还、加速折旧等，优惠对象包括特定技术或是含特定技术的商品，以及达到特定标准的企业和工业部门。如德国高效热电联产设施可以享有石油税豁免优惠。

欧盟的节能服务公司（ESCO）是在 20 世纪 80 年代末期逐步发展起来的，实质是一种以削减的能源费用来支付节能项目全成本的节能投资方式，从节能投资中所获得的节能收益用于支付实施节能项目的成本。其产生和发展除了市场因素外，更多的是依托政府有关能源开发、环境保护政策营造了一个发展的环境。欧洲各国针对节能服务产业的财税政策主要包括直接资金补贴、税收优惠，包括直接税收优惠和间接税收优惠等。（蒋海勇，2010）

利用税费减免和基金互助方式帮助企业节能减排。① 征收气候变化税。气候变化税采取鼓励和刺激企业减排的方式，如果企业达到了与政府签署的减排标准，可以减征最高 80%的气候变化税。② 设立碳基金和减排基金。碳基金主要面对中小企业，用于咨询节能技术和购买节能设备，帮助中小企业实现减排既定目标。减排基金主要是为英国各类企业实行有效减排技术的推广、企业环保项目的实验和减排项目的实行而服务，目的是强化企业减排温室气体的意识，增强企业减排主动性。③ 建立“碳信贷”的排放交易制度。“碳信贷”是指企业可以把自己的减排量拿到市场上在企业间进行出售，卖出减排量的一方可以获得巨大的经济利益，买入减排量的企业也可以避免因无法完成减排量而遭到处罚，充分体现了“谁环保、谁受益”的原则。（朱红琼，2008）

6.3.3 技术研发政策

根据目前欧盟与企业界在研发方面的投资，2020 年之前，欧盟国家应该可以保持在节能技术方面的领先地位。2005 年 4 月欧盟委员会通过了关于研发的第 7 个框架计划建议，在能源领域主要集中在利用可再生能源发电和燃料生产、清洁煤技术、智能能源网络等方面，采用生物燃料的“清洁安全汽车”就是使用替代燃料的一个示范项目，其他还有采用电子设备对周围环境中的能源，例如使用者的运动、身体散发热量和太阳光进行回收的技术等。（国家发展改革委外事司，2005）

为了顺应低碳趋势并有效解决碳成本问题，欧盟钢铁业未雨绸缪，于 2003 年就提前采取了一个强有力的措施——建立欧洲钢铁技术平台（ESTEP），以期帮助该行业降低碳排放，达到节能减排的目的。ESTEP 汇集了欧洲钢铁业的有关各方，通过 10 年的努力，共同创新研发低碳技术，有效控制了欧盟钢铁业的碳排放量，降低了碳成本，同时还研发了低成本制造技术等，不仅降低了能耗提高了能效，还能节约资源。2003 年建立的 ESTEP 是一个致力于先进钢铁工业技术研发的平台，其成员包括欧洲主要的钢铁公司、相关供应商及行业协会，还涵括了相关的大学和科研机构，欧盟委员会和成员国政府也派出代表参与管理委员会的工作。ESTEP 作为非法人组织，设有指导委员会、支持组和镜像组负责实施其战略研究议程。

ESTEP 组织研发的低碳技术主要包括减碳技术、无碳技术和去碳技术。减碳技术是通过提高生产过程中的能源使用效率，以减少二氧化碳排放，从而降低碳成本。例如高炉煤气循环利用技术就是一种典型的减碳技术，它既减少了炼铁中所需焦炭量又降低了二氧化碳排放量。在安赛乐米塔尔某一钢厂产能为 70 t/a 的高炉上试用这一技术，使该高炉二氧化碳排放量下降了 28%，从原来的 1.3 tCO_2/t 铁，降至 940 kg CO_2/t 铁。这无疑是提高能效以减少二氧化碳排放的典型案例。不难想象，钢铁业能源使用效率越高，碳排放量就会越少，碳成本也就会越低。（饶蕾等，2013）

6.4　发达国家能源效率政策对中国的启示

日本、美国以及欧盟等发达国家在节约能源和提高能源利用效率方面具有先进的经验。中国的能源利用水平不高，这在一定程度上影响着中国的能源安全。为了进一步提高能源效率，减少对化石能源的依赖，中国应借鉴发达国家的先进经验，不断提高自身的能源利用水平。

6.4.1　完善节能财税政策

目前在我国，并没有专门的绿色税税种，绿色税收政策缺乏系统性。我国现行税制中缺少以节约资源、保护环境的主体税种，税收对环境保护的作用主要依赖于分散在某些税种中的税收优惠措施，如车辆购置税、燃油税、消费税、资源税、关税、出口退税等现行税种考虑或部分考虑了环境保护，这样税收对环境污染行为的调节力度相对较小。而且，其税费收入占税收总收入和 GDP 的比重比发达国家也要低得多。推行环境税改革，构建绿色税收体系，是我国解决资源无序开发、解决环境污染与可持续发展的重要基础。针对高耗能、高耗水、高污染和浪费资源的产业及工业园区的盲目发展和过度扩张，在遵循税收“中性”原则的前提下，可以开征环境保护税、污染税等新税种，强化企业的节能减排意识，明确体现鼓励类、限制类、禁止类的政策导向作用。对一些欧盟国家开征的有利于提高能效、减少碳排放的碳税或类似税种，我国有必要认真研究，做好开征的准备。碳税的制定将成为我国今后寻求低碳发展、绿色发展过程中的主要环节。（蒋海勇，2010）

开征环境保护税，对大气、水和固体废物征税。考虑到对大气、固体废物征税的标准单位难以确定，近期可考虑开征水污染税，采取从量定额的税率形式，依纳税人废水排放量纳税，税率整体水平应高于排污费的收费标准，以保证其调控力度。进一步完善资源税，扩大征收范围，逐步把水、森林和土地纳入征收范围，调整资源税税额幅度和税率，以体现资源的外部成本、稀缺程度和经济价值；改变计税方法，按照资源实际生产量或开采量征税，以促进资源节约利用。扩大消费税征税范围，将使用后易导致生态环境恶化的产品列入征税范围；继续提高汽油、柴油等产品的税率，抑制大排量汽车消费；而对于具有公益性质的公交车辆和非车用油的税收负担，政府应给予补贴。

要加快财政税收体制改革，按照财权与事权相匹配的要求，在合理界定各级政府事权的基础上，进一步调整和规范中央与地方、地方各级政府间的财政分配关系，完善分税制。要科学划分中央和地方税种，积极构建地方税体系，把环境保护税、资源税等作为地方税种，增加地方财政支配能力。进一步完善财政转移支付制度，平衡各级政府之间、政府各部门之间的利益关系。（李平，2010）

6.4.2 将节能降耗融入各行业

我国在1997年颁布了《中华人民共和国节约能源法》，人们的节能意识有所提高，但仍需要通过加大宣传力度，为节能创造良好的社会氛围。2007年5月2日，中国国家发展和改革委员会副主任陈德铭在沙特阿拉伯首都利雅得参加第二届亚洲能源部长级圆桌会议时，发表了题为《中国能源发展与亚洲能源合作》的讲话，指出中国节能降耗潜力很大。工业、交通、家用以及建筑物是能源消费大户，也是节能的重点对象。工业是耗能大户，在工业上应该鼓励最佳可行技术和最优经验推广，同时必须把降低能耗融入研究开发之中。在交通领域，加快发展铁路和公共汽车、挖掘内陆水运的潜力、使用清洁能源是交通部门环境保护的关键。在建筑领域，我国在建筑物高速扩张的同时，应考虑如何加强能源利用（郭志俊，2007）。能源“十二五”规划纲要提出的目标是实施能源消费强度和消费总量双控制，能源消费总量40亿t标煤，用电量6.15万亿kW·h，单位国内生产总值能耗比2010年下降16%。能源综合效率提高到38%，火电供电标准煤耗下降到323 g/kW·h，炼油综合加工能耗下降到63 kg标准油/t。

6.4.3 加强节能技术投入和国际合作

节能减排需要全社会、全方位共同参与，需要政策法规保驾护航，但如果要向纵深目标推进，关键需要科技创新做支撑。应该把科技创新和经济发展紧密结合起来，依靠科技全面推进节能减排工作：一是通过战略政策研究，为国家和地方制定节能减排相关政策措施提供科学依据；二是通过关键技术研究，为节能减排提供技术支撑；三是通过示范，探索经济、政策、管理相结合的有效模式；四是推广适用技术，用高新技术改造传统产业，提高资源能源利用效率，降低污染物排放；五是发展科技服务业，提升传统服务业发展的技术水平。

加强节能技术与清洁能源技术攻关。加强建筑、交通、民用产品等城市节能新材料、新技术研究，减少能源浪费；攻克风能、水电、生物质能等可再生能源产业化应用关键技术，实现先进核能、氢能与燃料电池等非化石能源领域的重大技术突破，增加清洁能源的供给，减少对化石能源的过度依赖。

对于节能中的关键共性技术，国家要在资金、人员、重大项目立项等方面加大支持力度。鼓励企业自身加强有关节能方面的技术研发，并在税收方面给予一定的优惠或者补贴，发挥企业在节能中的主体地位。加强国际技术合作与转让，使全球共享技术发展在节能方面发挥应有的作用。密切跟踪国际节能技术发展动态，提高对转让与合作技术的消化和吸收等方面的能力建设。积极发展能源服务公司，通过政府适当补助和市场化运作相结合的方式，促进节能技术的普及和应用。（贾若祥，2008）

应广泛开展国际交流与合作，引进、消化、吸收一切可以利用的先进理念和技术，包括低碳社会理念，进行再创新，充实我国战略任务的理论基础和实质内涵，支撑相应的计划和系统配套措施。同时，要广泛宣传我国节能减排的战略目标，让全世界了解中国在节能减排与应对气候变化问题上所做的努力，中国正通过资源节约型和环境友好型社会的建设，减少污染物的排放与能源资源消耗，从而尽快完成使千百万人脱贫的重要任务，与国际社会一道保护和建设人类共同的家园。（马燕合等，2010）

6.4.4　发展新能源与可再生能源

大力发展新能源与可再生能源是实现能源清洁供应的有效手段。目前，我国的能源结构主要以煤炭、石油等化石燃料为主，不仅严重污染了环境，而且石油对外依存度的提高还会影响国家能源安全。近年来，风能、生物质能、太阳能等清洁新能源在发达国家能源消费比例中迅速提高，但我国新能源与可再生能源开发利用在关键设备制造、技术集成度、规模等方面仍存在较大差距，阻碍了清洁能源的开发与推广，迫切需要实现关键技术与系统集成的突破，以实现清洁高效的多元能源供应体系。（马燕合等，2010）

太阳能是世界上资源最丰富的能源，要加快推进太阳能开发利用。中国应把太阳能利用技术作为战略能源技术，稳步发展，积极推进。对热能消耗大、占地面积大的政府建筑、商业建筑要逐步推广安装太阳能热水器。启动太阳能发电示范项目建设，开展城市屋顶太阳能光伏发电应用示范项目建设，促进太阳能硅材料技术研发和产业化。

生物质能的利用开发，可以提高农民生活质量，改善农村生产生活环境，加快农村实现城镇化的进程。要开展生物能资源评价，组织制定生物质能开发利用规划。加速农村生物质能利用技术更新换代，发展高效的直接燃烧技术、发电技术、气化和液化技术，发展集中养殖场的沼气发电，形成并完善产业服务体系。支持生物质综合利用示范项目建设。

6.4.5 培养全民节能意识

解决能源约束问题，一方面要开源，加大国内勘探开发力度，加快工程建设，充分利用国外资源。另一方面，必须坚持节约优先，走一条跨越式节能的道路，建设节能型社会，这是缓解能源约束矛盾，保障国家能源安全的现实选择，是解决能源环境问题的根本措施，是提高经济增长质量和效益的重要途径，是增强企业竞争力的必然要求。不下大力气节约能源，难以支持国民经济持续快速协调健康发展；不走跨越式节能的道路，全面建成小康社会的目标就难以实现。必须从战略高度充分认识节能的重要性，树立忧患意识，增强危机感和责任感，推动全社会大力节能降耗，提高能源利用效率，加快建设节能型社会。

节能是每个公民应尽的义务，节能要靠全社会的共同努力，必须广泛深入持久地开展节能宣传教育，正确认识国情，树立资源忧患意识，增强自觉节能的意识。无论生产建设还是消费领域，都要把节能放在突出位置，节能优先既要体现在制定和实施发展战略、发展规划、产业政策、投资管理以及财政、税收、金融和价格政策中，也要体现在社会生产和生活的各个方面。贯彻节能优先的方针，加快建设节能型社会要靠政府、企业、中介机构和消费者的共同努力，说到底要靠每个人的自觉行动才能实现。企业管理者的节能意识提高了，才能将节能纳入企业发展规划，加强节能管理，加快节能技术改造，实现节能降耗；职工的节能意识提高了，才能发挥聪明才智，不断革新、改进工艺，提高设备运行效率，杜绝“跑、冒、滴、漏”，减少损失浪费；政府管理者的节能意识提高了，才能在制定规划和政策中体现节能优先的方针，才能严格依法管理，制止破坏和浪费资源的现象；建筑设计师的节能意识提高了，才能在设计出给人以美感的建筑作品的同时也是节能型的建筑；消费者的节能意识提高了，才能自觉选购节能型产品，在日常工作和生活中注意点滴的节约；全民的节能意识提高了，中国的节能事业就大有希望。（赵家荣，2004）

6.5　本章小结

本章研究了国外发达国家，日本、美国和欧盟等国在能源效率方面的政策，分别从法律法规、财税以及研发等方面总结了这几个国家的能源政策。以期为我国在制定节能减排政策方面提供决策参考的依据。最后根据这些政策给出了以下启示：完善节能财税政策；将节能降耗融入各行业；加强节能技术投入和国际合作；培养全民节能意识；发展新能源与可再生能源。

第 7 章　提高中部地区能源效率的政策建议

中国的能源利用效率与发达国家相比还存在一定的差距，而中部地区的能源利用效率与东部地区相比也存在一定的差距。也就是说要产生相同的国内生产总值就要消耗更多的能源。所以本书从外商直接投资角度研究其技术溢出对中部地区能源效率的影响，研究结果显示：外商直接投资技术溢出有效地促进了中部地区能源利用效率的提高。在此，本书根据研究的结果提出了相应的政策建议。

7.1　扩大 FDI 技术溢出效应，提高能源利用效率

第 3 章研究发现，FDI 和能源强度之间存在长期的均衡关系，并且 FDI 是能源强度的格兰杰的原因；第 4 章研究发现，能源强度和 FDI 直接存在显著的负相关关系，中部地区外商直接投资可以有效降低中部地区能源强度；第 5 章研究发现，外商直接投资技术溢出可以有效地促进中部地区全要素能源效率的提高。根据上述研究结果可以发现，外商直接投资可以有效地促进中部地区能源效率的提高。

目前，中部地区的外商直接投资主要来自港澳台等地，本书利用 G-7 国的数据分析，研究结果显示 FDI 技术溢出可以有效地提高中部地区的能源效率。可见，中部地区在今后的引进外资方面，要逐步调整方向：一是重点考虑那些具有高技术含量的产业，同时也要发展适宜性的产业，注重对这些技术的吸收；二是要注重从 G-7 国家中引进具有先进技术的产业，鼓励他们这些国家对中部地区进行跨国企业投资，这样可以更好地发挥 FDI 技术溢出效应，进而更加有效地促进中部地区能源利用效率的提高。

由前文的关于 FDI 技术溢出机制可以发现，FDI 技术溢出不但有直接溢出效应还有间接溢出效应。一方面，外商直接投资企业在技术、研发和经营管理上与国内相比都具有明显的优势，他们在国内投资建厂，必然会促进我国企业的技术水平的提高。另一方面，进行投资的外资企业能够提高被投资的内资企业的技术水平，而且可以通过“干中学”、竞争效应以及示范和模仿效应，促进其他企业技术的提高。因为外资企业不但将新设备、新工艺和新产品引入国内，而且将先进的管理理念也带到了国内，这样国内的企业就可以积极主动地通过模仿来提高技术以及通过消化和吸收提升节能减排技术。所以中部地区要想扩大对国外发达能源利用技术的吸收，不仅要注重引进的数量，更要注重引进的质量，加快 FDI 向中部地区本土企业技术溢出效应。

附表 6 显示，2010 年，外商投资总额位于全国前几名的省市都是东部发达地区，例如北京市、上海市、江苏省、广东省等地区，投资总额最大的是江苏省，其总额为 5 081 亿美元。北京市也达到了 1 192 亿美元。而中部地区 6 个省市的投资总额最高的为湖北省，为 429 亿美元。就投资数量来看，东部地区外商投资额要远远超过中部地区。由于投资额并不多，所以中部地区引进外商直接投资上一直注重在数量的扩张，更多关注投资规模作为外商直接投资的重要考虑因素，并且外商投资主要分布在第二产业，第三产业中主要投向房地产业，而第三产业中的其他产业的外商直接投资不多。中部作为中国并不发达的省份，不但要注重数量的扩展，更远注重质量的提高，或者说要想更好地扩大 FDI 技术效应，就应该在利用外资战略上从注重数量向注重质量转变，推动外商投资结构的调整和升级。就注重引进外资质量方面，中部地区政府应该引进那些大型的跨国公司投资，以及能源利用技术含量高的项目。对于这些企业和项目，应该给予政策上支持和鼓励。要严格限制那些技术含量不高，以及禁止引进那些高污染、高耗能和高排放的“三高”企业和项目。当前中部地区缺少的不是资金而是技术，要通过利用 FDI 来引进先进的能源利用技术和先进的管理经验。

所以，中部地区要进一步加强引进具有先进节能技术外资项目，这样才能吸收和消化 FDI 技术溢出所带来的先进节能技术。在利用外资上，中部地区与东部地区还存在一定的差距，主要原因是经济发展水平不高、基础设施不完善以及投资软环境比较差等。这就要求中部地区要进一步完善基础设施和改善投资软环境。

第一要进一步完善法律制度，加强对这些企业和项目的政策保护，保护其知识产权和创新成果。保护发达国家企业在我国的合法权益，要通过立法确保境外投资企业的地位和作用，并且要根据形势的不断发展变化进行不断的修正，来满足因形势变化带来的改变，进而满足跨国企业的有效需求。中部地区政府要制定相关的外资企业投资法律法规，确保发达国家企业进行投资时能够有法可依。另外，要对跨国企业所进行的研发投入以及创新成果进行有效地保护，维护和保护他们的知识产权，使得他们能够更好地进行在新技术和新能源上的研发投入，保持其这些方面的积极性。

第二要提升引进外资的标准，特别是在节能技术上的标准。确保所引进的外资在节能技术具有的先进性，为更好地利用FDI技术溢出效应创造有利的条件。要制定严格引进外资的标准，对于那些能耗高、污染高，能源利用水平低的产业一定要禁止投资。同时对于那些具有较高能源利用水平的产业，以及污染较少的企业和产业，特别是新技术、新能源方面具有世界先进水平的跨国企业，要鼓励他们对中部地区进行投资。在进行承接东部产业转移时，也要考虑承接转移产业特点，只有在一定程度上承接了东部地区具有一定先进技术的产业，才能吸收和消化东部地区产业的相对先进的技术，才能更好地吸收和利用发达国家的先进技术。前面关于FDI技术溢出理论研究中，如果发达国家和我国地区间的技术差距过大，就会影响对发达国家能源利用技术的吸收，所以要先吸收和掌握东部地区的关于能源方面的利用技术，才能有效地吸收来自发达国家的先进能源利用技术。

第三要转变政府职能，提高政府办事效率。政府的工作方式要向服务型进行转变，树立服务观念，减少管理层次，明确政府职责，提高政府办事的透明度和办事效率。中部地区政府要进一步简化投资审批手续，对发达国家投资申请要进行有效的分类管理。对于不符合中部地区外资投资的领域和方向，以及企业竞争力较弱的企业要严格限制和审查。还要建立相关的外资投资信息中心，不断扩大与发达国家的信息交流和合作，能够随时了解发达国家对外投资的方向和动向，随时掌握这些方面的信息，如果遇到符合满足中部外商投资的产业，应积极主动与其联系，争取让他们来中部地区进行投资，进一步扩大FDI在中部地区的技术溢出效应。

第四要改善基础设施。基础设施主要包括交通运输、港口、桥梁、通信以及城市供水、供气等，它是城市进行正常运转的保证。研究表明基础设施越完善，就能吸引更多的 FDI。中部地区有优越的地理区位，是中国重要的交通枢纽。虽然目前中部地区的交通设施方面取得了一定的进展，但要进一步大力发展交通设施，这就需要从公路、铁路、航空和码头等基础设施上进行建设，建立高效的交通环境，加强高效的物流运转系统。还应加强金融、信息、医疗、卫生、教育、通信等基础设施的建设，建立具有吸引力的投资环境。政府要在基础设施建设上，确保市政公用企业的合法收入和合法回报，在条件允许的情况下，给予相应的补贴，使公共基础设施能够不断得到发展和完善，这样才能更好地吸引发达国家和跨国企业来中部地区进行投资。

7.2 加强区域自主研发，提升自主创新能力

通过本书第 4 章和第 5 章研究结果发现，中部地区自主研发能够有效提高能源利用效率。一个国家或地区的自主研发不但能够提升自己的科学技术能力，而且能够通过吸收和消化发达国家的技术溢出效应来提高自身的技术水平，同时通过引进和消化外来技术并进一步进行再创新。所以一个国家和地区的自主研发对于提高自身的能源利用技术非常重要。另外，企业和政府是自主创新和研发的主体，既然确定了 FDI 技术溢出的存在，在不同东道国产生的溢出效应程度不同主要原因是东道国本土企业对先进能源利用技术吸收和消化的能力不同。就我们国家而言，由于东中西部地区在自主研发投入水平上存在很大差异，也就决定了各区域间在吸收和消化由于 FDI 技术溢出带来的技术进步也存在很大的差异。只有具备了一定的吸收能力才能对引进和溢出效应带来的技术进行消化、吸收和再创新，进而使自身的创新能力和技术水平有所提高。

研发投入主要是指 R&D 投入，包括基础研究、应用研究及实验发展。中部地区与东部地区相比在研发投入上还有一定的差距，这在一定程度上影响了对 FDI 技术溢出带来的技术进步的吸收和消化。所以中部地区政府和企业应该加强在 R&D 项目的投入，特别加强能源科学技术研发投入。在基础科学领域，部署一批对能源发展具有战略先导性作用的前沿技术攻关项目，争取在能源基础科学研究领域取得突破。大力推进能源利用技术的提高，促进节能技术的进步。首先，

地方政府应该出台相关政策，大力鼓励地方企业进行节能技术的投入和研发。中部地区的一些税收政策也要向企业增加技能技术的创新能力进行倾斜，对进行节能减排技术自主创新的企业可以给予不同程度的 R&D 退税补贴等方面的优惠，这样才能更好地鼓励企业建立能源利用技术相关研发机构和中心，以减少在研发投入的成本。政府应对推广节能技术和节能研发成果的企业给予一定的优惠或奖励，提升整个地区的节能减排技术水平。鼓励企业建立有效的研发体系和创新激励机制，进而对新技术进行不断的研发，开发出新产品，提高企业的整体技术。另外，政府应该加大地方财政在具有战略性节能技术项目上的投入力度，组织和实施一批具有节能减排关键技术和共性技术的示范性项目，在中部地区重点行业中选择具有节能潜力的重要技术进行有效推广。积极引导建立多渠道的促进节能创新的投融资体制，拓宽企业研发投入资金的渠道，为企业进行节能技术创新营造一个良好的局面，进而提高中部地区在节能减排上的自主创新能力。

企业作为研发投入的主体，要坚持自主创新为主，加大节能方面的 R&D 投入，构建自主研发体系，提高中部企业在能源利用技术方面的水平和技术吸收消化能力。中部地区企业在研发投入方面较少，从事科研的人员也比较少，并没有形成以科技带动生产的内在机制。所以，中部地区的企业应该加强在节能技术方面的研发投入，逐渐形成一批具有相当规模的企业研发中心，进而形成以企业技术带动科技创新机制，注重自主研发和增强技术创新能力。同时要加强当地人力资本和科技人员的培育和培育，人才的培育关系到地区技术水平的发展，是原始创新的原动力。中部地区人力资本较低，而要想吸收和消化发达国家的先进技术，人力资本要达到最低限度，发达国家的技术溢出效应才能发挥出来，人力资本积累得越多，就更加容易接受新技术，更好地吸收和消化先进技术。为了更好地发挥人力资本的作用，不但要创造良好的人才激励机制和环境，而且要注重从国外引进适合的科研人才，提高人才的福利待遇，完善引进人才机制，这样才能更好地引进高质量的人才，才能加强中部地区的整体科研实力。构建起政府、企业和科研机构多方的研发体系，提高整个地区对技术的吸收能力。政府应该积极主动并鼓励企业与高校和科研机构沟通合作，发挥这些机构的科技力量，助推企业的创新能力。所以，当前中部地区应加强地方企业的研发投入，努力提高在节能减排上的技术水平，这样才能更好地吸收和消化发达国家的先进节能技术，促进中部地区的节能减排技术的提高，减少和降低对化石能源的消耗。

最后要加大在新能源上的研发投入力度。新能源的发展要依赖技术创新，虽然我国新能源产业最近几年发展较快，产能和产量在世界上居于前列，但在新能源技术上远远落后于发达国家，一些主要的关于新能源的核心部件和关键技术还有依赖于进口，即仅处于新能源产业链的低端，囿于先进新能源技术。所以就目前来看，中部地区的新能源发展虽然有所突破，但是与东部地区比较来看，无论从产能还是技术掌握上都要落后于东部地区。所以中部地区政府要进一步加大在新能源研发技术上的投入，作为技术发展的有效支撑。新能源技术的一般具有投入额度大，投资回收期较长，风险相对比较高的特点，一般企业不对新能源技术进入投入，这时政府应该主动扮演先期的角色，进行投入资金的培育，同时，扩大在这方面的投融资渠道，鼓励社会上更多资金进入该领域，形成有利于发展新能源产业的局面。

美国为了支持节能技术的发展，在节能研发技术的投入上面，出台了一系列的节能研发计划，例如"先进能源计划"、"清洁煤发电计划"和"美国竞争力计划"等。"先进能源计划"重点支持生物质能、氢能和太阳能灯可再生能源及核能技术等，预算投入 27 亿美元。"美国竞争力计划"包括煤气化与液化技术、热电联产技术等。为能源部节能和可再生能源局拨款 12 亿美元，支持能源科学研究。2009 年拨款 90 亿美元，支持气候变化、能源供应和节能等政府支持的领域。支持清洁能源设备制造业，建立新的支持能源装备制造税收返还机制，资金 16 亿美元。欧盟在 2006 年 12 月颁布了第七个框架研发计划，总预算 500 亿欧元，支持氢燃料电池、可再生能源发电、清洁煤技术、能源效率与节能政策制定。

7.3　大力发展第三产业，改善能源消费结构

第 5 章研究表明，能源消费结构和产业结构与全要素能源效率呈正相关关系，都通过了检验。说明对于中部地区的产业结构，如果提高第三产业结构的比例可以提供能源效率。附表 5 中显示中部地区河南省第二产业结构比例在 2010 年为 57.3%，在全国当中是最高的，而中部其他省份中山西省为 56.9%，江西省为 54.2%，湖南省相对较低为 45.8%。从全国来看，北京地区是最低的，第二产业比

例为24%，远远低于中部地区第二产业的比例，也远低于46.8%的全国平均水平，中部地区各省的第二产业的比例普遍高于全国的平均水平。北京市的第三产业比例高达75.1%，而中部地区的第三产业比重则为30%左右。从中可以看出，中部地区第三产业比重太低，而第二产业结构比重则比较高，中部地区当前正处于工业化阶段，过高的第二产业比重就需要消耗更多的能源，才能维持较高的经济增长水平，同时，中部地区工业能源利用效率在全国处于中等水平，与东部地区相比比较低。

附表4中显示，中部六省人口比例占到全国的26.8%，而土地面积仅为10.7%。工业生产总值占到全国的20.3%，第三产业的比重为16.9%，这也从另外一个角度说明，中部地区的产业结构则以第二产业为主，第三产业的比重并不高。第三产业主要指服务业，即不生产物质产品，主要包括物流、信息产业、金融保险、环境、公共设施管理业、教育与文化娱乐业、贸易以及餐饮等行业，目前国际上发达国家的产业比重占70%以上。从中可以了解，第三产业的发展往往与第二产业相比，并不需要消耗更多的化石能源，这样就可以减少对能源过度的依赖，从另一个方面也就可以降低能源消耗从而提高能源利用效率，因为以能源强度的计算公式来看，为能源消耗量除以生产总值，所以在一定程度上提高能源利用效率。

当前阶段中部地区正处于工业化阶段，以消耗大量化石能源为特征，同时资源环境的压力也在不断增大。短期内调整工业结构进而减少对能源的依赖不太现实，这就需要进一步加强对高耗能、高污染行业的管理，尽快淘汰那些污染高、能耗高的企业，改造高耗能设备进而降低企业的能源消耗水平。从长期来看，应该逐步调整地区的产业结构，大力发展第三产业，特别是物流、金融、计算机技术、新能源新材料等一批能源消耗少，污染排放低的新兴产业，促进中部地区的产业结构升级，逐渐缩小与东部地区的产业发展水平。除了自身主动发展以外，还要鼓励外资向第三产业倾斜，特别是高新技术产业、环保产业，积极培育地区新兴主导产业，发展低碳经济、循环经济，提高中部地区第三产业的竞争力，促进中部地区经济的可持续发展。

其次，在2010年全球一次能源消费量结构中，世界煤炭消费比重为29.6%，美国为23%，而中国的煤炭所占比重为70.5%，核电和水电所占比重分别为0.7%

和 6.7%。所以，中国能源消费结构中主要是煤炭为主的能源消费结构，中部地区也是以煤炭消耗为主导的能源消费结构，也是当前中部地区能源利用效率不高的原因。一方面是本身煤炭的利用水平不高，另一方面因为煤炭过高的比重也在一定程度上影响着温室气体的排放，特别是二氧化碳的排放。中部地区本身在能源利用效率技术上并不高，而能源消费结构中，煤炭的消费比例又占到了 70%左右。所以，中部地区在今后的发展中，要鼓励发展一些新能源、低碳经济等产业，逐渐改善以煤炭为主的能源消费结构，这样不但可以减少对煤炭的依赖，而且可以提高其他能源在能源消费结构中的比重，缓解由于消耗煤炭而带来的能源利用效率过低以及对环境带来的过大压力问题。

具体措施应该是，首先，加快煤制天然气产业发展。中部地区主要以产煤为主，煤制天然气是实现碳能源低碳化的一个重要组成部分。其次，优先发展水电和大力发展核电。核电的主要原料是铀，用量少，运输成本比较低，发电成本将越来越占优势，并且在一定程度上可以大范围地替代煤炭的清洁能源。最后，利用一定条件发展风电和太阳能、生物质能源等其他可再生能源。只要扩大新能源在能源消费结构中的比例，就会使得煤炭消费的结构比重处于下降趋势，这样就会提高能源利用效率，并且减少对环境的污染。

所以，中部地区应该逐步改善地区内的产业结构，发展一些具有技术密集型的新兴产业。淘汰一批高污染、高排放的落后设备，发展低碳经济和循环经济。逐步优化和改善以煤炭为主的能源消费结构，降低对煤炭的依赖性，不但可以逐渐提高能源利用效率，而且有利于环境的不断改善。

7.4　参与国际合作，建立跨国技术联盟

中部地区在能源利用技术上研发投入少，技术落后，创新能力低。所以要引进技术作为提升中部地区技术进步的一个重要渠道，进而满足对能源利用技术的需求。通过对引进先进技术的吸收可以促进本国的技术进步，但是因为缺少核心技术和关键零部件，这样就会在一定程度上对引进技术产生依赖，会受制于人。同时还会因发达国家对关键技术和核心技术的严格控制，加大获得这些技术的难度。

核心技术的开发需要大量资金注入，且研究周期长、风险大，因此核心技术

的价值高，一般占到产品价值的 1/3～1/2。核心技术主要体现在关键零部件的技术上，比如汽车的发动机技术、空调的压缩机技术、计算机的微电子技术等。目前，大量的产业核心技术和关键技术被发达国家的跨国公司所垄断。我国是发达国家低端技术的承接国。例如，我国的镍氢车用动力蓄电池和锂电车用动力蓄电池的自主研发都名列世界前茅，但这两种蓄电池的最关键技术包覆碳技术却掌握在加拿大魁北克水电公司的手里，我国企业要采用这种技术的话，需要向其缴纳 1 000 万美元“入门费”和每吨 2 500 美元的技术使用费。这笔高额的费用使得我国电动车产业存在为国外“打工”的嫌疑。究其原因，在于我国企业缺少与国际接轨的“从头到尾”研发中心，研发资源重复建设问题严重，信息开放与资源共享机制没有建立起来。所以，要鼓励企业积极参与到跨国公司的研发当中去，这样不但可以对当前节能减排技术的发展方向有所了解，而且可以通过参与研发能够扩大技术溢出效应，提高能源利用效率，降低对能源的消耗。

要突破跨国公司对核心技术的控制，应从两方面进行。

一是“引进来”。这个“引进来”就是鼓励跨国公司来中部地区进行研发投资和设立研发机构，尤其是鼓励以发达国家为代表的其他外商在华 R&D 投资和设立研发机构，并参与到研发当中去，积极有效地提升和扩大其技术溢出效应。目前，中部地区正在加快开放的步伐，已经做好承接东部沿海甚至于发达国家的产业转移的准备，借鉴东部发展的经验我们建议不要再走粗放式发展的老路，而要有选择地承接一些技术含量高的产业和项目。

二是“走出去”。这个“走出去”就是与国际跨国公司合作，借助他们的研发中心，并与他们进行合作进行研究开发。通过建立海外研发机构，跟踪世界先进节能技术的前沿，建立和巩固自身在可再生能源、清洁能源和能源效率技术开发的能力和优势。例如，长城汽车由于和许多大的跨国公司建立的研发联盟，使得其能够很早地掌握了核心动力技术。借助于国外的研发中心，长城汽车与国外公司一起开发新的汽车，这样大大降低了长城汽车的研发投入成本。长城企业的一些技术与国外许多家汽车公司合作，共同开发合作，这样不但降低了研发风险，而且可以通过与这些大的公司合作能够了解世界目前先进技术的发展现状和趋势，实时掌握先进技术的发展态势，也可以通过共同研发获得和掌握发达国家企业的先进技术，这样就可以在一定程度上产生技术溢出。

2011 年 11 月 21 日，我国国家能源局与美国贸易发展署共同签署了《中国国家能源和美国贸易发展署关于支持中美能源合作项目的谅解备忘录》。主要内容是：通过中美能源合作项目（ECP）的平台，扩展和加深中美双方在清洁能源领域的合作。美国贸易发展署已通过 ECP 向中美企业累计赠款 216 万美元，涉及生物燃料、热电联产、智能电网标准、柴油车排放技术改造可行性研究、智能电网需求相关研究等多个领域。

目前，不但美国和中国在能源上取得合作，而且，欧盟也在希望通过国际合作，来促进能源技术的更大进步，保持经济社会的可持续发展，保持欧盟能源技术在世界上的领先地位，推动欧盟能源技术能够在世界上得到广泛的应用，欧盟采取的战略技术国际合作政策的三大目标主要是：① 希望通过新能源技术战略合作伙伴关系，来进一步欧盟的新能源技术在世界上的竞争力；② 希望能够通过这种国际能源技术战略合作，解决世界上面临的能源技术难题；③ 通过这种合作，在世界范围内推行欧盟的各项能源政策。欧盟希望通过建立这种新能源技术战略合作伙伴关系，能够集中资金，共同研发和分担面临的共同风险，建立共同的技术标准；希望研发出的新能源技术能够不断推广到新兴国家和发展中国家；能够建立起世界范围内的能源技术研发网络；有利于促进新能源技术的共同发展，解决目前世界上面临新能源技术的共性问题；提高这种战略合作伙伴关系之间的协调和协同，促进新能源技术研发和低碳经济的快速发展。

中美清洁能源领域到目前为止已经取得了很大进展。所以中部地区应与发达国家建立研发战略同盟，就可以突破发达国家的技术垄断，通过技术溢出效应获得节能减排技术，进而实现能源领域技术的飞速发展。中部企业也应该加强国际合作，争取建立广泛的跨国技术同盟，积极参与跨国公司的节能特别是新能源开发利用等科学技术研发活动，跟踪国际前瞻性研究，构建关键技术和核心技术的研发体系。只有这样才能掌握国际上先进的能源领域技术，不但可以提高能源利用效率，而且可以减少温室气体排放。

第8章 结论与展望

8.1 研究结论

（1）中部地区FDI是引起能源强度变化的Granger的原因

选取中部地区1998—2009年能源强度和FDI面板数据，利用变异公式计算出能源强度和FDI的变异系数。利用计量经济学的协整和格兰杰进行研究这两个变量之间的关系，研究发现，FDI和能源强度之间长期的均衡关系，并且在滞后一期的95%的置信水平下，拒绝了原假设，可以认为LFDICV是LEICV格兰杰的原因。

（2）中部地区FDI和国内研发提供了能源利用效率

选取中部地区1998—2009年国内研发、能源强度和FDI面板数据，利用面板计量协整模型并进行回归研究发现，这三者之间存在长期稳定的关系。能源强度作为被解释变量，外商直接投资作为解释变量进行回归分析，回归结果表明能源强度和FDI直接存在显著的负相关关系，即外商直接投资的引进可以有效降低中部地区的能源强度。对这三者进行面板回归分析发现，外商直接投资在10%上显著，并且系数为负，表明外商直接投资可以有效降低中部地区的能源强度，即FDI通过技术溢出提高了中部地区的技术进步，进而提高了中部地区的能源利用效率。R&D在5%上显著且系数为负，表明自主研发同样可以降低中部地区的能源强度。从变量的系数来看，自主研发的系数为0.276 552远大于FDI的系数0.026 415，即在降低能源强度方面，自主研发更具有有效性。

（3）FDI 有效地促进了中部地区全要素能源效率

利用投入导向规模报酬不变的 DEA 模型测算了中部六省 1998—2009 年的全要素能源效率，并利用随机效应的面板 Torbit 模型研究了 FDI 技术溢出对中部地区全要素能源效率的影响。研究结果表明：外商直接投资技术溢出可以有效地促进中部地区能源效率的提高；从回归系数来看，国内研发对于能源效率的提高相对于国外研发更能有效提高能源效率。工业化水平与能源效率之间存在正相关关系，但并不显著。能源消费结构与全要素能源效率呈正相关关系，且通过了显著性检验。产业结构与全要素能源效率之间存在显著的正相关关系。也就是说提高中部六省第三产业在国内生产总值的比重能够提高全要素能源效率。

8.2 研究不足与展望

（1）研究不足

虽然本书对中部六省 FDI 技术溢出对能源效率的影响进行了研究，但由于受主客观条件的限制，本书的研究仍然存在以下不足之处：

① 研究数据的限制。由于受客观条件的限制，本书只能获得 G-7 国截至 2009 年的研发数据，无法获得近两年的国外研发数据。为了保持在时间的一致性，在第 3 章和第 4 章研究过程中，其研究的时间也是截至 2009 年，所以在今后的研究过程中，随着数据的更新，扩展在时间上研究的范围，克服由于时间所带来对研究的限制。

② 研究角度存在一定不足。本书仅仅考虑了 FDI 技术溢出对中部能源效率的影响，而通过其他渠道的国际研发资本技术溢出本书没有涉及。例如，从进出口贸易角度，以及我国对外直接投资角度等。所以，在今后的研究过程中，将从进出口贸易和对外直接投资等角度研究对能源效率的影响，来弥补本书的研究角度不足问题。

（2）研究展望

本书从 FDI 角度，研究了 FDI 技术溢出对中部地区能源效率的影响，虽然取得了一些进展，但还可以从以下角度展开进一步的研究：

① 扩展技术溢出渠道。

本书仅仅从 FDI 角度研究了其技术溢出对中部地区能源效率的影响，而进出口贸易以及对外直接投资等渠道也是技术溢出的重要渠道。

② 研究 FDI 技术溢出的吸收能力。

在研究 FDI 技术溢出促进中部地区的能源利用效率提高的同时，还应该从吸收角度研究我国对国外发达国家由于技术溢出带来的技术进步，也就是说，要注重对发达国家技术的吸收能力的研究，这样才能更好地对这些技术的吸收和消化，更好地促进我国能源利用技术的提高。

参考文献

[1] Aitken B J，Harrison A E. Do Domestic Firms Benefit from Direct Foreign Investment? Evidence from Venezuela. American Economic Review. 1999：605-618.

[2] Altenburg T. Linkages and Spill Overs Between Transnational Corporations and Small and Medium Sized Enterprises in Developing Countries：Opportunities and Policies：German Development Institute，2000.

[3] Ari K. Technology，Market Characteristics，and Spillovers. Journal of Development Economics，1994，43（2）：279-293.

[4] Banker R D，Charnes A，Cooper W W. Some Models for Estimating Technical and Scale Inefficiencies in Data Envelopment Analysis. Management Science，1984，30（9）：1078-1092.

[5] Blackman A，Wu X. Foreign Direct Investment in China's Power Sector：Trends，Benefits and Barriers. Energy Policy，1999，27（12）：695-711.

[6] Blomstrom M，Kokko A. Regional Integration and Foreign Direct Investment. National Bureau of Economic Research. Scientific Report NO，1997.

[7] Blomström M，Kokko A. Multinational Corporations and Spillovers. Journal of Economic Surveys，1998，12（3）：247-277.

[8] Blomstrom M，Lipsey R E，Zejan M. Is Fixed Investment the Key to Economic Growth? .National Bureau of Economic Research. Scientific Report NO，1996.

[9] Borensztein E，De Gregorio J，Lee J-W. How Does Foreign Direct Investment Affect Economic Growth? Journal of International Economics，1998，45（1）：115-135.

[10] Caves R E. International Corporations：The Industrial Economics of Foreign Investment. Economica，1971，38（149）：1-27.

[11] Charnes A，Cooper W W，Rhodes E. Measuring the Efficiency of Decision Making Units.

European Journal of Operational Research，1978，2（6）：429-444.

[12] Coe Dt，Helpman E. International R&D Spillovers. European Economic Review，1995，39（5）：859-887.

[13] Coelli T，Perelman S. A Comparison of Parametric and Non-Parametric Distance Functions：With Application to European Railways. European Journal of Operational Research，1999，117（2）：326-339.

[14] Conrad K. An Econometric Model of Production With Endogenous Improvement in Energy Efficiency，1970-1995. Applied Economics，2000，32（9）：1153-1160.

[15] Crompton P，Wu Y. Energy Consumption in China：Past Trends and Future Directions. Energy Economics，2005，27（1）：195-208.

[16] Das S. Externalities，and Technology Transfer Through Multinational Corporations A Theoretical Analysis. Journal of International Economics，1987，22（1）：171-182.

[17] Farrell M J. the Measurement of Productive Efficiency. Journal of the Royal Statistical Society. Series A（General），1957，120（3）：253-290.

[18] Fisher-Vanden K，Jefferson G H，Liu H，et al. What is Driving China's Decline in Energy Intensity？ Resource and Energy Economics，2004，26（1）：77-97.

[19] Fosfuri A，Motta M，Rønde T. Foreign Direct Investment and Spillovers Through Workers' Mobility. Journal of International Economics，2001，53（1）：205-222.

[20] Garbaccio R F，Ho M S，Jorgenson D W. Controlling Carbon Emissions in China. Environment and Development Economics，1999，4（4）：493-518.

[21] Garbaccio R F. Price Reform and Structural Change in the Chinese Economy：Policy Simulations Using a Cge Model. China Economic Review，1995，6（1）：1-34.

[22] Gee S. Technology Transfer，Innovation，and International Competitiveness：Wiley New York，1981.

[23] Harzing A W. Who's in Charge？ An Empirical Study of Executive Staffing Practices in Foreign Subsidiaries. Human Resource Management，2001，40（2）：139-158.

[24] Hu J-L，Wang S-C. Total-Factor Energy Efficiency of Regions in China. Energy Policy，2006，34（17）：3206-3217.

[25] Hübler M，Keller A. Energy Savings Via Fdi？ Empirical Evidence from Developing

Countries. Environment and Development Economics，2010，15（1）：59-80.

[26] Ishiguro M，Akiyama T. Electricity Demand in Asia and the Effects on Energy Supply and the Investment Environment：World Bank Publications，1995.

[27] Jacobsen H K. Energy Demand，Structural Change and Trade：A Decomposition Analysis of the Danish Manufacturing Industry. Economic Systems Research，2000，12（3）：319-343.

[28] Kambara K，Hanzawa T，Okada T，et al. High-Frequency Surgical Treating Device for Use with Endoscope，1992，Google Patents.

[29] Kokko A. Technology，Market Characteristics，and Spillovers. Journal of Development Economics，1994，43（2）：279-293.

[30] Lall S. Monopolistic Advantages and Foreign Involvement by us Manufacturing Industry. Oxford Economic Papers，1980，32（1）：102-122.

[31] Cecilia Kwok,Ying Lam. Estimating Cross-Country Technical Efficiency，Economic Performance and Institutions— A Stochastic Production Frontier Thapproach[C]. in Proceding of 29 General Conference，Finland：Joensuu，2006.

[32] Leonard H J. Confronting Industrial Pollution in Rapidly Industrializing Countries：Myths，Pitfalls，and Opportunities. Ecology LQ，1984，12：779.

[33] Li X，Liu X，Parker D. Foreign Direct Investment and Productivity Spillovers in the Chinese Manufacturing Sector. Economic Systems，2001，25（4）：305-321.

[34] Lichtenberg F，De La Potterie Bvp. International R&D Spillovers：A Re-Examination. National Bureau of Economic Research. Scientific Report NO，1996.

[35] Lin X，Polenske K R. Input–Output Anatomy of China’s Energy Use Changes in the 1980s. Economic Systems Research，1995，7（1）：67-84.

[36] Lovell C K. Production Frontiers and Productive Efficiency. The Measurement of Productive Efficiency：Techniques and Applications，1993：3-67.

[37] Mielnik O，Goldemberg J. Foreign Direct Investment and Decoupling Between Energy and Gross Domestic Product in Developing Countries. Energy Policy，2002，30（2）：87-89.

[38] Murtishaw S，Schipper L. Disaggregated Analysis of US Energy Consumption in the 1990s：Evidence of the Effects of the Internet and Rapid Economic Growth. Energy Policy，2001，29（15）：1335-1356.

[39] Owen-Smith J，Powell W W. Knowledge Networks as Channels and Conduits：The Effects of Spillovers in the Boston Biotechnology Community. Organization Science，2004，15（1）：5-21.

[40] Publishing O，Agency I E. Energy Technology Perspectives 2010：Scenarios and Strategies to 2050. Organisation for Economic Co-Operation and Development，2010.

[41] Schmidt P，Sickles R C. Production Frontiers and Panel Data. Journal of Business & Economic Statistics，1984，2（4）：367-374.

[42] Shephard R W，Gale D，Kuhn H W. Theory of Cost and Production Functions：Princeton University Press Princeton. NJ，1970.

[43] Sinani E，Meyer K E. Spillovers of Technology Transfer from FDI：The Case of Estonia. Journal of Comparative Economics，2004，32（3）：445-466.

[44] Sinton J E，Levine M D. Changing Energy Intensity in Chinese Industry：The Relatively Importance of Structural Shift and Intensity Change. Energy Policy，1994，22（3）：239-255.

[45] Sjöholm F. Productivity Growth in Indonesia：The Role of Regional Characteristics and Direct Foreign Investment. Economic Development and Cultural Change，1999，47（3）：559-584.

[46] Smith R D. Foreign Direct Investment and Trade in Health Services：A Review of the Literature. Social Science & Medicine，2004，59（11）：2313-2323.

[47] Stigler G J. Price and Non-Price Competition. The Journal of Political Economy，1968：149-154.

[48] Stigler G J. Price and Non-Price Competition. The Journal of Political Economy，1968，76(7)：149-154.

[49] Sue Wing I，Eckaus R S. Explaining Long-Run Changes in the Energy Intensity of the US Economy. 2004.

[50] Sun J.Changes in Energy Consumption and Energy Intensity：a Complete Decomposition Model. Energy Economics，1998，20（1）：85-100.

[51] Wang J-Y，Blomström M. Foreign Investment and Technology Transfer：A Simple Model. European Economic Review，1992，36（1）：137-155.

[52] Xu B. Multinational Enterprises，Technology Diffusion，and Host Country Productivity Growth. Journal of Development Economics，2000，62（2）：477-493.

[53] Zhang Z. Why Did the Energy Intensity Fall in China's Industrial Sector in the 1990s? the Relative Importance of Structural Change and Intensity Change. Energy Economics，2003，25（6）：625-638.

[54] 蔡伟毅，陈学识. 国际知识溢出与中国技术进步[J]. 数量经济技术经济研究，2010（6）：57-71.

[55] 程宏. 利用外资促进我国产业结构升级的新思路——外资技术溢出对我国产业结构高度化作用的思考[J]. 南方经济，2001（4）：28-30.

[56] 陈军，徐士元. 技术进步对中国能源效率的影响：1979—2006[J]. 科学管理研究，2008（1）：9-13.

[57] 陈晓枫. 技术溢出效应的产生及影响因素[J].福州大学学报（社会科学版），1999（2）：24-28.

[58] 陈继勇，盛杨怿. 外商直接投资的知识溢出与中国区域经济增长[J]. 经济研究，2008（12）：39-49.

[59] 戴彦德，朱跃中. 慎重看待能源效率水平评价的国际比较[J].天然气经济，2005（6）：6-8.

[60] 杜健. 基于产业技术创新的 FDI 溢出机制研究[D]. 浙江大学博士学位论文，2006.

[61] 董利. 我国能源效率变化趋势的影响因素分析[J]. 产业经济研究，2008（1）：8-18.

[62] 单豪杰. 中国资本存量 K 的再估算：1952—2006 年[J]. 数量经济技术经济研究，2008，25（10）：17-31.

[63] 樊茂清，任若恩，陈高才. 技术变化、要素替代和贸易对能源强度影响的实证研究[J]. 经济学（季刊），2009，9（1）：237-258.

[64] 高大伟. 国际贸易技术溢出对中国能源效率的影响研究[D]. 南京航空航天大学博士学位论文，2010.

[65] 高山行，徐新，李亚辉. 跨国公司技术溢出对我国企业创新产出影响的实证研究[J]. 管理工程学报，2010（2）：7-12.

[66] 高铁梅. 计量经济分析方法和建模[M]. 北京：清华大学出版社，2006.

[67] 国家发展改革委外事司. 欧盟节能战略及启示[J]. 环境资源，2005，23：32-33.

[68] 郭志俊. 欧盟能源政策的环境因素及其对中国的启示[J]. 环境保护，2007，6：74-78.

[69] 杭雷鸣. 我国能源消费结构问题研究[D]. 上海交通大学博士学位论文，2007.

[70] 何洁. 外国直接投资对中国工业部门外溢效应的进一步精确量化[J]. 世界经济，2000

（12）：29-36.

[71] 黄静. 影响 FDI 技术外溢效果的因素分析[J]. 世界经济研究，2006，8：60-66.

[72] 贾若祥. 日本节能经验及对我国的启示[J].环球经济，2008，5：73-74.

[73] 江泽民. 对中国能源问题的思考[J]. 中国石油和化工经济分析，2008（6）：4-16.

[74] 姜磊，吴玉鸣. 中国省域能源边际效率评价——来自面板数据的能源消费结构考察[J]. 资源科学，2010（11）：2179-2185.

[75] 姜磊，季民河. 技术进步、产业结构、能源消费结构与中国能源效率——基于岭回归的分析[J]. 当代经济管理，2011（5）：13-16.

[76] 蒋海勇. 欧盟发展低碳经济的财税政策研究[J]. 开放导报，2010，12：56-59.

[77] 金三林. 我国二氧化碳排放的特点、趋势及政策取向[J]. 北方经济，2010（7）：4-7.

[78] 金石. 欧盟的节能减排措施[J]. 生态经济，2009，12：198-199.

[79] 李世祥，成金华. 中国主要工业省区能源效率分析：1990—2006 年[J]. 数量经济技术经济研究，2008（10）：32-43.

[80] 李子奈，潘文卿. 计量经济学[M]. 北京：高等教育出版社，2000.

[81] 李小平，卢现祥，朱钟棣. 国际贸易、技术进步和中国工业行业的生产率增长[J]. 经济学（季刊），2008（2）：549-564.

[82] 李平. 国外节能减排财税政策及借鉴[J]. 涉外税务，2010，3：36-39.

[83] 李廉水，周勇. 技术进步能提高能源效率吗——基于中国工业部门的实证检验[J]. 管理世界，2006（10）：82-89.

[84] 李有. 国际技术溢出效应的人力资本机制分析[J]. 科技进步与对策，2008，8.

[85] 李未无. 对外开放与能源利用效率：基于 35 个工业行业的实证研究[J]. 国际贸易问题，2008（6）：7-15.

[86] 李杏，Chan M. W. L. 外商直接投资与对外贸易技术溢出效应比较——基于面板因果关系的研究[J]. 国际贸易问题，2009（2）：70-77.

[87] 凌善康，钟湘志. 从美国能源政策战略转变中得到的启迪[J]. 经济导刊，2007，6：56-58.

[88] 罗丽. 日本能源政策动向及能源法研究[J]. 法学论坛，2007（1）：136-144.

[89] 刘凤朝，潘雄锋，徐国泉. 基于结构份额与效率份额的中国能源消费强度研究[J]. 资源科学，2007（4）：2-6.

[90] 刘国新，李兴文. 国内外关于自主创新的研究综述[J]. 科技进步与对策，2007（2）：

196-199.

[91] 刘志铭，申建博. 外商直接投资的技术溢出效应、影响因素与我国的政策选择[J]. 经济纵横，2006，1（2）.

[92] 刘畅，崔艳红. 中国能源消耗强度区域差异的动态关系比较研究——基于省（市）面板数据模型的实证分析[J]. 中国工业经济，2008（4）：34-43.

[93] 陆立军，郑小碧. 产业集群技术创新风险控制机制研究[J]. 科技进步与对策，2009，26（10）：65-68.

[94] 马燕合，黄晶. 加快节能减排技术研发，迎接低碳经济到来[J]. 中国科技产业，2010：62-66.

[95] 齐中英，杨忠，林园. 我国能源科技发展战略探讨[J]. 中国科技论坛，2005（3）：13-16.

[96] 齐志新，陈文颖. 结构调整还是技术进步——改革开放后我国能源效率提高的因素分析[J]. 上海经济研究，2006（6）：8-16.

[97] 齐绍洲，方扬，李锴. FDI 知识溢出效应对中国能源强度的区域性影响[J]. 世界经济研究，2011（11）：69-89.

[98] 邱灵，申玉铭，任旺兵，等. 中国能源利用效率的区域分异与影响因素分析[J]. 自然资源学报，2008（5）：920-928.

[99] 饶蕾，曹双双. 欧盟钢铁业节能减排措施对我国的启示[J]. 经济论坛，2013，5：106-108.

[100] 沙文兵，孙君. FDI 知识溢出对中国高技术产业创新能力的影响——基于分行业面板数据的检验[J]. 经济学家，2010（11）：75-79.

[101] 邵军，管驰明. 中国工业部门能源使用效率及其影响因素研究[J]. 经济学家，2009（1）：58-65.

[102] 史丹. 正确看待我国能源消费量下降[J]. 中国经济快讯，2002（35）：25.

[103] 史丹. 我国经济增长过程中能源利用效率的改进[J]. 经济研究，2002（9）：49-56.

[104] 史丹. 对我国能源消费量下降的认识及建议[J]. 中国经贸导刊，2002（18）：26.

[105] 师博，沈坤荣. 市场分割下的中国全要素能源效率：基于超效率 DEA 方法的经验分析[J]. 世界经济，2008（9）：49-59.

[106] 苏素，王波志. FDI 与中国省际能源消费强度间关系的动态分析[J]. 技术经济，2011（10）：66-71.

[107] 孙浦阳，武力超，陈思阳. 外商直接投资与能源消费强度非线性关系探究——基于开放

条件下环境“库兹涅茨曲线”框架的分析[J]. 财经研究，2011（8）：79-90.

[108] 孙海. FDI 对我国能源消耗强度作用的渠道分析[J]. 技术与创新管理，2009（2）：180-184.

[109] 唐正康，缪克平. 国际直接投资技术溢出效应的限制因素分析[J]. 科技情报开发与经济，2003（8）：85-86.

[110] 滕玉华，刘长进. 外商直接投资的 R&D 溢出与中国区域能源效率[J]. 中国人口·资源与环境，2010（8）：142-147.

[111] 唐玲，杨正林. 能源效率与工业经济转型——基于中国 1998—2007 年行业数据的实证分析[J]. 数量经济技术经济研究，2009（10）：34-48.

[112] 涂正革，肖耿. 中国工业生产力革命的制度及市场基础——中国大中型工业企业间技术效率差距因素的随机前沿生产模型分析[J]. 经济评论，2005（4）：50-62.

[113] 魏一鸣，廖华，等. 中国能源报告（2010）：能源效率研究[M]. 北京：科学出版社，2010.

[114] 王庆一. 中国的能源效率及国际比较（上）[J]. 节能与环保，2003（8）：5-7.

[115] 王庆一. 中国的能源效率及国际比较（下）[J]. 节能与环保，2005（6）：10-13.

[116] 王志鹏，李子奈. 外商直接投资、外溢效应与内生经济增长[J]. 世界经济文汇，2004（3）：23-33.

[117] 王然，燕波，邓伟根. FDI 对我国工业自主创新能力的影响及机制——基于产业关联的视角[J]. 中国工业经济，2010（11）：16-25.

[118] 夏业良，程磊. 外商直接投资对中国工业企业技术效率的溢出效应研究——基于 2002—2006 年中国工业企业数据的实证分析[J]. 中国工业经济，2010（7）：55-65.

[119] 夏京文，李驰. FDI 影响我国内资高新技术产业竞争力的实证分析[J]. 科学与科学技术管理，2009（5）：18-22.

[120] 谢建国. 外商直接投资对中国的技术溢出[J]. 经济学，2006（7）.

[121] 徐侠，李树青. FDI 对科研活动影响的实证研究[J]. 中国软科学，2008（4）：73-80.

[122] 姚愉芳，沈利生. 我国“十一五”节能目标的实现途径、条件与政策建议[J]. 中国能源，2007（2）：21-26.

[123] 杨晓舟. 中国省际全要素能源效率及其影响因素研究[D]. 湖南大学硕士学位论文，2010.

[124] 杨红亮，史丹. 能效研究方法和中国各地区能源效率的比较[J]. 经济理论与经济管理，2008（3）：12-20.

[125] 杨书臣. 日本节能减排的特点、举措及存在的问题[J]. 日本学刊，2008，1：15-25.

[126] 杨莉，穆鹏丞. 美国能源政策新趋势对我国西部能源开发的启示[J]. 科技管理研究，2011，15：23-27.

[127] 叶素云，叶振宇. FDI 对我国地区能源强度影响的经验研究[J]. 国际贸易问题，2010（9）：90-95.

[128] 尹宗成，丁日佳，江激宇. FDI、人力资本、R&D 与中国能源效率[J]. 财贸经济，2008（9）：95-98.

[129] 易丹辉. 数据分析与 EViews 应用[M]. 北京：中国人民大学出版社，2008.

[130] 易艳春. 外商直接投资、经济增长与我国碳排放关系的实证研究[D]. 华中科技大学博士学位论文，2011.

[131] 张敏，张娜，王文. 不同来源地 FDI 对我国能源消费强度的影响[J]. 西安交通大学学报（社会科学版），2012（2）：13-18.

[132] 张晓平. 20 世纪 90 年代以来中国能源消费的时空格局及其影响因素[J]. 中国人口·资源与环境，2005（2）：38-41.

[133] 张贤，周勇. 外商直接投资对我国能源强度的空间效应分析[J]. 数量经济技术经济研究，2007（1）：101-108.

[134] 张志勤. 欧盟节能建筑技术的研发趋势[J]. 全球科技经济瞭望，2013，3：8-12.

[135] 赵伟，李芬. 异质性劳动力流动与区域收入差距：新经济地理学模型的扩展分析[J]. 中国人口科学，2007，1：27-35.

[136] 赵奇伟，张诚. 外商直接投资与中国技术效率增进——基于随机前沿生产模型的经验分析[J]. 世界经济研究，2009（6）：61-67.

[137] 赵果庆. 寻求我国 GDP 对 FDI 的最优依存度与 FDI 最优规模——基于 1980—2003 年我国 GDP 与 FDI 非线性动力系统的研究[J]. 管理世界，2006（1）：57-66.

[138] 赵家荣. 加大节能宣传力度，提高全民节能意识[J]. 环境资源，2004，12：34-35.

[139] 周勇，李廉水. 基于 AWD 的我国能源强度变化因素分析[J]. 煤炭经济研究，2006（5）：39-43.

[140] 周建. 经济转型期中国能源需求的长期均衡及短期波动：1978—2005 [J]. 南开经济研究，2007（3）：3-18.

[141] 周鹏. 低碳发展政策：国际经验与中国策略[M]. 北京：经济科学出版社，2012.

[142] 朱华桂. 跨国公司在华子公司技术溢出效应实证研究[J]. 科研管理，2003（2）：138-144.

[143] 朱彤，刘叶. FDI 对我国工业能源效率的正负效应与适度引进之管见[J]. 现代财经（天津财经大学学报），2010（7）：70-76.

[144] 朱红琼. 国外促进节能减排的财税政策及对我国的启示[J]. 经济师，2009，8：67-68.

[145] 庄贵阳. 中国经济低碳发展的途径与潜力分析[J]. 国际技术经济研究，2005（3）：8-12.

附表 1　中部六省外商直接投资额

单位：亿元

年份	山西	安徽	江西	河南	湖北	湖南	总计
1996	11.475	42.121	24.999	100.238	108.96	58.485	346.278
1997	22.044	36.013	39.599	109.62	118.468	76.019	401.763
1998	20.243	22.911	38.492	97.911	160.946	67.736	408.239
1999	32.392	29.911	26.557	84.531	75.737	54.127	303.255
2000	18.603	26.364	18.812	86.011	78.122	56.444	284.356
2001	19.362	27.87	32.756	71.446	100.146	67.053	318.633
2002	20.623	31.058	89.992	61.254	116.003	85.327	404.257
2003	18.238	32.323	133.453	64.993	128.875	123.25	501.132
2004	17.643	45.25	169.875	96.229	171.438	117.373	617.808
2005	22.54	56.396	198.45	100.725	178.968	169.761	726.84
2006	37.626	111.09	223.734	147.1	195.192	206.737	921.479
2007	102.109	228.038	235.996	232.806	210.343	248.69	1 257.982
2008	71.036	242.376	250.279	280.072	225.355	278.162	1 347.28
2009	92.219	265.043	274.848	327.791	249.878	314.089	1 523.868
2010	102.219	339.152	345.312	422.87	274.165	350.931	1 834.649

附表 2 中部地区 R&D 内部支出总额

单位：万元

年份	山 西	安 徽	江 西	河 南	湖 北	湖 南
1998	68 799	86 707	43 842	118 124	236 884	89 005
1999	80 362	112 264	62 317	139 038	288 328	133 325
2000	99 000	200 000	82 000	248 000	348 000	192 000
2001	108 200	210 500	77 600	283 100	368 500	239 800
2002	144 000	257 000	117 000	293 000	479 000	262 000
2003	158 000	324 000	170 000	342 000	548 000	301 000
2004	234 000	379 000	215 000	424 000	566 000	370 000
2005	262 800	459 000	285 300	555 800	749 500	445 200
2006	363 000	593 000	378 000	798 000	944 000	536 000
2007	493 000	718 000	488 000	1 011 000	1 113 000	736 000
2008	625 574	983 208	631 468	1 222 763	1 489 859	1 127 040
2009	808 563	1 359 535	758 936	1 747 599	2 134 490	1 534 995
2010	898 835	1 637 219	871 527	2 111 675	2 641 180	1 865 584

附表3 中部地区能源消费量

单位：万 t 标煤

年份	山 西	安 徽	江 西	河 南	湖 北	湖 南
1991	4 802	2 911	1 793	5 363	4 163	4 099
1992	5 034	3 138	1 871	5 583	4 472	4 396
1993	5 494	3 397	1 946	5 862	4 344	4 716
1994	5 962	3 738	2 072	6 225	4 763	5 058
1995	8 413	4 194	2 392	6 473	5 655	5 426
1996	6 848	4 516	2 155	6 654	5 998	5 473
1997	6 983	4 405	2 132	6 711	6 109	4 808
1998	6 626	4 575	2 028	7 244	6 046	4 894
1999	6 501	4 683	2 134	7 380	5 988	4 087
2000	6 728	4 879	2 505	7 919	6 269	4 071
2001	7 968	5 118	2 329	8 244	6 052	4 622
2002	9 340	5 316	2 933	9 055	6 713	5 382
2003	10 386	5 457	3 426	10 595	7 708	6 298
2004	11 251	6 017	3 814	13 074	9 120	7 599
2005	12 312	6 518	4 286	14 625	9 851	9 110
2006	13 497	7 096	4 661	16 235	10 797	9 879
2007	15 601	7 739	5 053	17 838	12 143	11 629
2008	15 675	8 325	5 383	18 976	12 845	12 355
2009	15 576	8 896	5 813	19 751	13 708	13 331
2010	16 808	9 707	6 355	21 438	15 138	14 880

附表4　中部六省国民经济和社会发展主要指标（2010）

指标	中部六省合计	中部六省占全国比重/%
自然资源		
土地面积/万 km^2	102.8	10.7
人口		
年底总人口/万人	35 696.6	26.8
劳动就业		
城镇就业人员/万人	4 847.6	20.5
城镇登记失业率/%	3.8	
国民经济核算		
国内（地区）生产总值/亿元	86 109.4	19.7
第一产业	11 221.1	27.7
第二产业	45 130.3	20.5
工业	39 334.7	20.3
第三产业	29 758.0	16.9
人均国内（地区）生产总值/元	24 242	
固定资产投资		
全社会固定资产投资总额/亿元	62 890.5	23.2
房地产开发	8 752.3	18.1
国内商业		
社会消费品零售总额/亿元	31 329.7	20.0
对外贸易		
货物进出口总额/亿美元	1 168.9	3.9
出口额	634.6	4.0
进口额	534.3	3.8
财政		
地方财政收入/亿元	6 371.4	15.7
地方财政支出/亿元	15 062.3	20.4

指标	中部六省合计	中部六省占全国比重/%
主要工业产品产量		
原油/万 t	584.4	2.9
水泥/万 t	47 314.1	25.1
粗钢/万 t	13 698.8	21.5
发电量/亿 kW·h	9 720.4	23.1
人民生活		
城镇居民可支配收入/元	15 962	
农村居民人均纯收入/元	5510	

附表5 中部六省国内生产总值和地区生产总值（2010）

地区	国内生产总值/亿元	第一产业	第二产业	第三产业	第一产业/%	第二产业/%	第三产业/%	人均地区生产总值/（元/人）
全　国	401 202.0	40 533.6	187 581.4	173 087.0	10.1	46.8	43.1	29 992
北　京	14 113.58	124.36	3 388.38	10 600.84	0.9	24.0	75.1	75 943
天　津	9 224.46	145.58	4 840.23	4 238.65	1.6	52.5	46.0	72 994
河　北	20 394.26	2 562.81	10 707.68	7 123.77	12.6	52.5	34.9	28 668
山　西	9 200.86	554.48	5 234.00	3 412.38	6.0	56.9	37.1	26 283
内蒙古	11 672.00	1 095.28	6 367.69	4 209.02	9.4	54.6	36.1	47 347
辽　宁	18 457.27	1 631.08	9 976.82	6 849.37	8.8	54.1	37.1	42 355
吉　林	8 667.58	1 050.15	4 506.31	3 111.12	12.1	52.0	35.9	31 599
黑龙江	10 368.60	1 302.90	5 204.11	3 861.59	12.6	50.2	37.2	27 076
上　海	17 165.98	114.15	7 218.32	9 833.51	0.7	42.1	57.3	76 074
江　苏	41 425.48	2 540.10	21 753.93	17 131.45	6.1	52.5	41.4	52 840
浙　江	27 722.31	1 360.56	14 297.93	12 063.82	4.9	51.6	43.5	51 711
安　徽	12 359.33	1 729.02	6 436.62	4 193.68	14.0	52.1	33.9	20 888
福　建	14 737.12	1 363.67	7 522.83	5 850.62	9.3	51.0	39.7	40 025
江　西	9 451.26	1 206.98	5 122.88	3 121.40	12.8	54.2	33.0	21 253
山　东	39 169.92	3 588.28	21 238.49	14 343.14	9.2	54.2	36.6	41 106
河　南	23 092.36	3 258.09	13 226.38	6 607.89	14.1	57.3	28.6	24 446
湖　北	15 967.61	2 147.00	7 767.24	6 053.37	13.4	48.6	37.9	27 906
湖　南	16 037.96	2 325.50	7 343.19	6 369.27	14.5	45.8	39.7	24 719
广　东	46 013.06	2 286.98	23 014.53	20 711.55	5.0	50.0	45.0	44 736
广　西	9 569.85	1 675.06	4 511.68	3 383.11	17.5	47.1	35.4	20 219
海　南	2 064.50	539.83	571.00	953.67	26.1	27.7	46.2	23 831
重　庆	7 925.58	685.38	4 359.12	2 881.08	8.6	55.0	36.4	27 596
四　川	17 185.48	2 482.89	8 672.18	6 030.41	14.4	50.5	35.1	21 182
贵　州	4 602.16	625.03	1 800.06	2 177.07	13.6	39.1	47.3	13 119

地区	国内生产总值/亿元	第一产业	第二产业	第三产业	第一产业/%	第二产业/%	第三产业/%	人均地区生产总值/（元/人）
云 南	7 224.18	1 108.38	3 223.49	2 892.31	15.3	44.6	40.0	15 752
西 藏	507.46	68.72	163.92	274.82	13.5	32.3	54.2	17 319
陕 西	10 123.48	988.45	5 446.10	3 688.93	9.8	53.8	36.4	27 133
甘 肃	4 120.75	599.28	1 984.97	1 536.50	14.5	48.2	37.3	16 113
青 海	1 350.43	134.92	744.63	470.88	10.0	55.1	34.9	24 115
宁 夏	1 689.65	159.29	827.91	702.45	9.4	49.0	41.6	26 860
新 疆	5 437.47	1 078.63	2 592.15	1 766.69	19.8	47.7	32.5	25 034

附表6　外商投资企业年底注册登记情况

地区	企业数		投资总额/亿美元		注册资本/亿美元	
	2009年	2010年	2009年	2010年	2009年	2010年
地区合计	434 009	445 004	24 031	25 952	13 492	14 977
北　京	23 293	24 853	1 066	1 192	625	715
天　津	12 288	12 918	977	1 096	549	620
河　北	9 559	9 531	370	403	199	217
山　西	3 535	3 665	205	229	101	111
内蒙古	3 675	3 693	240	232	135	122
辽　宁	19 893	18 377	1 318	1 476	849	975
吉　林	4 203	4 309	193	223	106	123
黑龙江	5 957	5 814	181	196	109	120
上　海	52 278	55 666	3 084	3 394	1 819	2 009
江　苏	50 241	51 666	4 444	5 081	2 395	2 739
浙　江	28 252	28 769	1 640	1 832	950	1 069
安　徽	5 579	5 633	279	303	160	173
福　建	23 609	23 463	1 175	1 248	654	694
江　西	6 822	7 574	369	439	231	281
山　东	30 579	29 486	1 120	1 245	647	729
河　南	10 676	10 254	347	379	191	205
湖　北	7 237	7 486	377	429	220	243
湖　南	5 220	5 410	280	324	158	161
广　东	90 189	93 756	3 939	4 213	2 343	2 495
广　西	4 391	5 327	272	280	150	155
海　南	4 531	4 171	903	259	162	145
贵　州	1 966	1 936	36	41	21	25
云　南	3 880	3 833	159	179	93	105
西　藏	243	264	6	5	4	3
陕　西	5 097	5 378	162	180	97	110
甘　肃	2 045	2 116	49	63	23	28
青　海	495	499	28	23	17	14
宁　夏	669	529	25	40	14	18
新　疆	1 639	1 751	48	52	31	33

附表 7 “十一五”节能目标完成情况

地区	2005 年		2010 年	
	单位地区生产总值能耗/（t 标煤/万元）	“十一五”时期计划降低数/%	单位地区生产总值能耗/（t 标煤/万元）	比 2005 年降低/%
北 京	0. 792	20.00	0. 582	26.59
天 津	1. 046	20.00	0. 826	21.00
河 北	1. 981	20.00	1. 583	20.11
山 西	2. 890	22.00	2. 235	22.66
内蒙古	2. 475	22.00	1. 915	22.62
辽 宁	1. 726	20.00	1. 380	20.01
吉 林	1. 468	22.00	1. 145	22.04
黑龙江	1. 460	20.00	1. 156	20.79
上 海	0. 889	20.00	0. 712	20.00
江 苏	0. 920	20.00	0. 734	20.45
浙 江	0. 897	20.00	0. 717	20.01
安 徽	1. 216	20.00	0. 969	20.36
福 建	0. 937	16.00	0. 783	16.45
江 西	1. 057	20.00	0. 845	20.04
山 东	1. 316	22.00	1. 025	22.09
河 南	1. 396	20.00	1. 115	20.12
湖 北	1. 510	20.00	1. 183	21.67
湖 南	1. 472	20.00	1. 170	20.43
广 东	0. 794	16.00	0. 664	16.42
广 西	1. 222	15.00	1. 036	15.22
海 南	0. 920	12.00	0. 808	12.14
贵 州	1. 425	20.00	1. 127	20.95
云 南	1. 600	20.00	1. 275	20.31
西 藏	2. 813	20.00	2. 248	20.06
陕 西	1. 740	17.00	1. 438	17.41
甘 肃	1. 450	12.00	1. 276	12.00
青 海	1. 416	20.00	1. 129	20.25
宁 夏	2. 260	20.00	1. 801	20.26
新 疆	另行考核			

附录1 国家节能减排相关政策

1978年

《中华人民共和国宪法》

1978年3月5日，第五届全国人民代表大会第一次会议通过了《中华人民共和国宪法》，明确规定："国家保护环境和自然资源，防治污染和其他公害。"以根本大法的形式，对环境保护做出规定，这在我国尚属首次，为以后的环境保护立法提供了法律依据。

1979年

中国首次颁布《环境保护法》

1979年9月，中国颁布了新中国成立以来第一部综合性的环境保护基本法——《中华人民共和国环境保护法（试行）》，把中国的环境保护方面的基本方针、任务和政策，用法律的形式确定下来。

《环境保护法》共七章，三十三条。其中第一章（总则）规定：环境保护法的任务，是通过"保证在社会主义现代化建设中，合理地利用自然环境，防治环境污染和生态破坏"，达到"为人民造成清洁适宜的生活和劳动环境，保护人民健康，促进经济发展"的目的。

控制新污染源的基本制度和原则是："在进行新建、改建和扩建工程时，必须提出对环境影响的报告书，经环境保护部门和其他有关部门审查批准后才能进行设计。"新建、扩建、改建工程中防治污染和其他公害的设施，"必须与主体工程同时设计、同时施工、同时投产；各项有害物质的排放必须遵守国家规定的标准。"治理现有污染源的原则："谁污染，谁治理"。

《关于提高我国能源利用效率的几个问题的通知》

1979年，国务院转发《关于提高我国能源利用效率的几个问题的通知》。对于我国在能源利用效率方面提出了具体规定。

1980年

《关于加强节约能源工作的报告》与《关于逐步建立综合能耗考核制度的通知》

1980年，国务院批转国家经济委员会、国家计划委员会《关于加强节约能源工作的报告》和《关于逐步建立综合能耗考核制度的通知》。节能作为一项专门工作被纳入到国家宏观管理的范畴，同时，国家成立了专门的节能管理机构，制定并实施了我国资源节约与综合利用工作“开发与节约并重，近期把节约放在优先地位”的长期指导方针。

1981 年

《对工矿企业和城市节约能源的若干具体要求（试行）》与《超定额耗用燃料加价收费实施办法》

1981 年，国家计委、国家经委、国家能源委员会联合发布《对工矿企业和城市节约能源的若干具体要求（试行）》（即“58 条”）。同年，国家计委、国家经委、国家能源委、财政部、国家物资局颁发了《超定额耗用燃料加价收费实施办法》。这些指令性规定结合实际，要求全社会节能，具有很强的可操作性。

1982 年

《关于按省、市、自治区实行计划用电包干的暂行管理办法》与《征收排污费暂行办法》

1982 年，为了保证电力的合理分配使用，提高电能利用的经济效益，国务院批转水利电力部《关于按省、市、自治区实行计划用电包干的暂行管理办法》。

同年 2 月 5 日，国务院发布《征收排污费暂行办法》（国发[1982]21 号）。该办法的制定是根据《中华人民共和国环境保护法（试行）》第十八条关于“超过国家规定的标准排放污染物，要按照排放污染物的数量和浓度，根据规定收取排污费”的规定。征收排污费的目的，是促进企业、事业单位加强经营管理，节约和综合利用资源，治理污染，改善环境。

1983 年

《中华人民共和国环境保护标准管理办法》与《中华人民共和国防止船舶污染海域管理条例》

1983 年 11 月 11 日，城乡建设环境保护部发布《中华人民共和国环境保护标准管理办法》，环保标准是为了保护人群健康、社会物质财富和维持生态平衡，对大气、水、土壤等环境质量，对污染源、监测方法以及其他需要所制订的标准。环保标准包括环境质量标准、污染物排放标准、环保基础标准和环保方法标准等。

1983 年 12 月 29 日，国务院发布《中华人民共和国防止船舶污染海域管理条例》规定：在中华人民共和国管辖海域、海港内的一切船舶，不得违反《中华人民共和国海洋环境保护法》和本条例的规定排放油类、油性混合物、废弃物和其他有毒物质。任何船舶不得向河口附近的港口淡水水域、海洋特别保护区和海上自然保护区排放油类、油性混合物、废弃物和其他有毒物质。

1984 年

《中华人民共和国水污染防治法（试行）》与《节能技术政策大纲》

为防治水污染，保护和改善环境，以保障人体健康，保证水资源的有效利用，促进社会主义现代化建设的发展，1984 年 5 月 11 日第六届全国人民代表大会常务委员会第五次会议通过《中华人民共和国水污染防治法（试行）》。

该法规定：国务院有关部门和地方各级人民政府，必须将水环境保护工作纳入计划，采取防治水污染的对策和措施。各级人民政府的环境保护部门是对水污染防治实施统一监督管理的机关。国务院环境保护部门制定国家水环境质量标准。省、自治区、直辖市人民政府可以对国家水环境质量标准中未规定的项目，制定地方补充标准，并报国务院环境保护部门备案。

同年，原国家计划委员会、原国家经贸委员会和原国家科学技术委员会共同组织编制了《节能技术政策大纲》，其后到 1996 年三部委对《大纲》进行了修订。

1985 年

《工业企业环境保护考核制度实施办法（试行）》与《国家经委关于开展资源综合利用若干问题的暂行规定》

为了加强工业企业环境保护的计划管理，合理利用资源能源，减少污染物的排放，力求做到经济效益、社会效益、环境效益的统一，1985 年 6 月 30 日，原国务院环境保护委员会、原国家经贸委员会颁布《工业企业环境保护考核制度实施办法（试行）》（以下简称《办法》）。《办法》规定：工业企业在利用能源和各种资源生产产品的同时，要积极采用无污染或少污染工艺，搞好综合利用，尽可能不排放或少排放污染物，避免对周围环境的污染与破坏。工业企业环境保护工作的成果，是评定工业企业经营效果好坏的一个重要内容。

同年 9 月 30 日，国务院批转《国家经委关于开展资源综合利用若干问题的暂行规定》，其中规定：国家鼓励企业积极开展资源综合利用，对综合利用资源的生产和建设，实行优惠政策。企业必须执行治理污染和综合利用相结合的方针。能源消耗大的企业，应当把利用余热、压差、高炉的焦炉煤气以及水的循环利用作为建设和改造的主要内容。对企业开展综合利用，实行“谁投资、谁受益”的原则。

1986 年

《节约能源管理暂行条例》

为贯彻国家对能源实行开发和节约并重的方针，合理利用能源，降低能源消耗，提高经济效益，保证国民经济持续、稳定、协调的发展，1986 年 1 月 12 日国务院发布《节约能源管理暂行条例》（以下简称《条例》）。《条例》中称：国务院建立节能工作办公会议制度，研究和审查有关节能的方针、政策、法规、计划和改革措施，部署和协调节能工作任务。省、自治区、直辖市人民政府和国务院有关部门，应当指定主要负责人主管节能工作，并可建立节能工作办公会议制度。2001 年该条例废止。

1987 年

“关于实施《民用建筑节能设计标准（采暖居住建筑部分）》的通知”与《企业节能管理升级（定级）暂行规定》

1987 年 9 月 25 日，原城乡建设环境保护部、原国家计划发展委员会、原国家经贸委员会、原国家建材局印发“关于实施《民用建筑节能设计标准（采暖居住建筑部分）》的通知”（以下简称《通知》）。《通知》中称：尽快在我国采暖地区贯彻实施《标准》是必要的，而且是可行的。为此，请严寒及寒冷地区各省、自治区、直辖市建设厅（建委），按照原城乡建设环境保护部颁发的《民用建筑节能设计标准（采暖居住建筑部分）》的要求，组织专门班子结合本地区条件，因地制宜地争取在年内编出实施细则初稿，由省、自治区、直辖市建设厅会同计委、经委审查批准。

同年，《企业节约能源管理升级（定级）暂行规定》文件出台（以下简称《规定》），《规定》中提出：“以节能升级为基础促进企业升级”。

1988 年

《中华人民共和国水法》与《污染源治理专项基金有偿使用暂行办法》

《中华人民共和国水法》于 1988 年 1 月 21 日第六届全国人民代表大会常务委员会第 24 次会议通过，1988 年 1 月 21 日中华人民共和国主席令第 61 号公布，

1988 年 7 月 1 日起施行。该法要求各级人民政府应 当依照水污染防治法的规定，加强对水污染防治的监督管理。

同年，国务院第 10 号令颁布《污染源治理专项基金有偿使用暂行办法》。为做好污染源治理，合理使用污染源治理资金，国家设立污染源治理专项基金。

1989 年

《中华人民共和国水污染防治法实施细则》

1989 年 7 月 12 日，原国家环境保护局令第 1 号发布《中华人民共和国水污染防治法实施细则》。企业事业单位向水体排放污染物的，必须向所在地环境保护部门提交《排污申报登记表》。环境保护部门收到《排污申报登记表》后，经调查核实，对不超过国家和地方规定的污染物排放标准及国家规定的企业事业单位污染物排放总量指标的，发给排污许可证。对超过国家或者地方规定的污染物排放标准，或者超过国家规定的企业事业单位污染物排放总量指标的，应当限期治理，限期治理期间发给临时排污许可证。新建、改建、扩建的企业事业单位污染物排放总量指标，应当根据环境影响报告书确定。

1990 年

《中华人民共和国防治陆源污染物污染损害海洋环境管理条例》与《国务院关于进一步加强环境保护工作的决定》

国务院第 61 号令《中华人民共和国防治陆源污染物污染损害海洋环境管理条例》于 1990 年 6 月 22 日颁布，8 月 1 日开始实施。其目的是加强对陆地污染源的监督管理，防治陆源污染物污染损害海洋环境。该条例中规定：禁止在岸滩采用不正当的稀释、渗透方式排放有毒、有害废水；禁止向海域排放含高、中放射性物质的废水；向海域排放含油废水、含有害重金属废水和其他工业废水，必须经过处理，符合国家和地方规定的排放标准和有关规定；处理后的残渣不得弃置入海；向自净能力较差的海域排放含有机物和营养物质的工业废水和生活废水，应当控制排放量。

同年 12 月 5 日，国务院发布《国务院关于进一步加强环境保护工作的决定》中要求：严格执行环境保护法律法规；依法采取有效措施防治工业污染；积极开展城市环境综合整治工作；地方各级人民政府必须加强对环境保护工作的统一领导，实行环境保护目标责任制。

1991 年

《中华人民共和国大气污染防治法实施细则》

1991 年 5 月 8 日经国务院批准，5 月 24 日原国家环境保护局令第五号公布，7 月 1 日起施行《中华人民共和国大气污染防治法实施细则》（以下简称《细则》）。《细则》规定：地方各级人民政府，应当对本辖区的大气环境质量负责，并采取措施防治大气污染，保护和改善大气环境。各级人民政府的经济建设部门，应当根据同级人民政府提出的大气环境保护要求，把大气污染防治工作纳入本部门的生产建设计划，并组织实施。

1992 年

《关于解决我国城市生活垃圾问题的几点意见》

1992 年 7 月，国务院批转建设部等部门《关于解决我国城市生活垃圾问题的几点意见》。大力开展城市垃圾的回收综合利用，提高回收利用率。到 2000 年，大中城市生活垃圾综合利用率要达到 40%以上。

1993 年

国务院《关于开展加强环境保护执法检查严厉打击违法活动的通知》

1993 年 3 月 12 日，国务院颁布《关于开展加强环境保护执法检查严厉打击违法活动的通知》（以下简称《通知》），《通知》要求：各级人民政府要迅速行动起来，把环境保护法制建设列入政府工作的重要议事日程。在开展加强环境保护执法检查、严厉打击违法行为的活动中，各级人民政府要支持有关部门依法行使职权。

1994 年

《“1994 年全国节能宣传周”活动安排意见》

1994 年，原国家经济贸易委员会、原国家计划委员会、原广播电影电视部、中华全国总工会、共青团中央委员会、中国科学技术协会联合印发关于《“1994 年全国节能宣传周”活动安排意见》（以下简称《意见》）。《意见》中指出：根据国务院第六次节能办公会议精神，为了进一步贯彻“开发与节约并重”的能源方针，增强全民节能意识，定于 1994 年 10 月 3 日至 8 日开展“1994 年全国节能宣传周”活动。在宣传周期间，原国家经贸委员会、原国家计划发展委员会拟推荐 500 种优质节能产品和 500 项优秀节能科技成果，再通过人民日报、经济日报予以发布。

1995 年

《关于新能源和可再生能源发展报告》、《1996—2010 年新能源和可再生能源发展纲要》与《中国电力法》

1995 年国务院批准了国家有关部门提出的“关于新能源和可再生能源发展报告”和“1996—2010 年新能源和可再生能源发展纲要”。在刚开始实施的国家“十五”计划纲要中，再次提出了积极发展风能、太阳能、地热等新能源和可再生能源。这些措施无疑有力地推动着可再生能源事业的发展。

同年颁布的《中国电力法》是中国第一部专论能源的法律。

1996 年

国务院《关于环境保护若干问题的决定》与《中华人民共和国环境噪声污染防治法》

1996 年 8 月 3 日，国务院颁布《关于环境保护若干问题的决定》（以下简称《决定》）。《决定》要求：要实施污染物排放总量控制，抓紧建立全国主要污染物排放总量指标体系和定期公布的制度。到 2000 年，全国所有工业污染源排放污染物要达到国家或地方规定的标准。

同年 10 月 29 日，中华人民共和国第八届全国人民代表大会常务委员会第二十次会议通过《中华人民共和国环境噪声污染防治法》，自 1997 年 3 月 1 日起施行。其中要求：国务院和地方各级人民政府应当将环境噪声污染防治工作纳入环境保护规划，并采取有利于声环境保护的经济、技术政策和措施。

1997 年

《中华人民共和国节约能源法》

为了推动全社会节约能源，提高能源利用效率，保护和改善环境，促进经济社会全面协调可持续发展，中国政府从 1995 年起开始制定节能法，于 1997 年 11 月经全国人民代表大会通过了《中华人民共和国节约能源法》，1998 年 1 月 1 日正式实施。

该法指出：节能是国家发展经济的一项长远战略方针。国务院和省、自治区、直辖市人民政府应当加强节能工作，合理调整产业结构、企业结构、产品结构和能源消费结构，推进节能技术进步，降低单位产值能耗和单位产品能耗，改善能源的开发、加工转换、输送和供应，逐步提高能源利用效率，促进国民经济向节能型发展。要求“采取技术上可行、经济上合理以及环境和社会可以承受的措施，减少从能源生产到消费各个环节中的损失和浪费，更加有效、合理地利用能源”，“国家对落后的耗能过高的用能产品、设备实行淘汰制度”。

1998 年

《建设项目环境保护管理条例》

为防止建设项目产生新的污染、破坏生态环境，1998 年 11 月 18 日国务院第 10 次常务会议通过了《建设项目环境保护管理条例》。要求：“建设产生污染的建设项目，必须遵守污染物排放的国家标准和地方标准；在实施重点污染物排放总量控制的区域内，还必须符合重点污染物排放总量控制的要求。”“改建、扩建项目和技术改造项目必须采取措施，治理与该项目有关的原有环境污染和生态破坏。”

1999 年

《中国节能产品认证管理办法》与《重点用能单位节能管理办法》

为节约能源、保护环境，有效开展节能产品的认证工作，保障节能产品的健康发展和市场公平竞争，促进节能产品的国际贸易，根据《中华人民共和国产品质量法》、《中华人民共和国产品质量认证管理条例》和《中华人民共和国节约能源法》，1999 年 2 月 11 日出台了《中国节能产品认证管理办法》（以下简称《办法》）。《办法》中确定了“节能产品”的定义：指符合与该种产品有关的质量、安全等方面的标准要求，在社会使用中与同类产品或完成相同功能的产品相比，它的效率或能耗指标相当于国际先进水平或达到接近国际水平的国内先进水平。

同年 3 月 10 日，原国家经济贸易委员会颁布《重点用能单位节能管理办法》（以下简称《办法》）。《办法》明确：重点用能单位是指年综合能源消费量 1 万 t 标煤以上（含 1 万 t）的用能单位；各省、自治区、直辖市经济贸易委员会指定的年综合能源消费量 5 000 t 标煤以上（含 5 000 t）、不足 1 万 t 标煤的用能单位。重点用能单位应遵守《中华人民共和国节约能源法》及本办法的规定，按照合理用能的原则，加强节能管理，推进技术进步，提高能源利用效率，降低成本，提高效益，减少环境污染。

2000年

《节约用电管理办法》

为了加强节能管理，提高能效，促进电能的合理利用，改善能源结构，保障经济持续发展，2000年3月，原国家经济贸易委员会、原国家发展计划委员会颁布《节约用电管理办法》。其中规定："加强用电管理，采取技术上可行、经济上合理的节电措施，减少电能的直接和间接损耗，提高能源效率和保护环境。""电力用户应当根据本办法的有关条款，积极采取经济合理、技术可行、环境允许的节约用电措施，制定节约用电规划和降耗目标，做好节约用电工作。"

《中华人民共和国水污染防治法实施细则》

2000年3月20日，中华人民共和国国务院第284号令发布并施行《中华人民共和国水污染防治法实施细则》，规定：对实现水污染物达标排放仍不能达到国家规定的水环境质量标准的水体，可以实施重点污染物排放总量控制制度。

《中华人民共和国大气污染防治法》

《中华人民共和国大气污染防治法》由中华人民共和国第九届全国人民代表大会常务委员会第十五次会议于2000年4月29日修订通过，2000年9月1日起施行。要求"国家采取措施，有计划地控制或者逐步削减各地方主要大气污染物的排放总量"。"地方各级人民政府对本辖区的大气环境质量负责，制定规划，采取措施，使本辖区的大气环境质量达到规定的标准。"

《民用建筑节能管理规定》

2000年10月1日起施行《民用建筑节能管理规定》（以下简称《规定》）。《规定》中称："国务院建设行政主管部门负责全国民用建筑节能的监督管理工作。""对不符合节能标准的项目，不得批准建设。""建设单位应当按照节能要求和建筑节能强制性标准委托工程项目的设计。"

2001年

《关于加强利用废塑料生产汽油、柴油管理有关规定的通知》

2001年5月，原国家经济贸易委员会、原国家工商行政管理局、原国家质量监督检验检疫局、原国家环境保护总局发布《关于加强利用废塑料生产汽油、柴油管理有关规定的通知》（以下简称《通知》），《通知》指出：加强对成品油销售企业的质量监督管理，规范进货渠道，严禁不合格汽油、柴油进入油品市场；国家有关部门将组织有关专家对利用废塑料生产汽油、柴油从技术、经济等方面进行综合研究，待技术成熟后，再推广应用。

《夏热冬冷地区居住建筑节能设计标准》

为进一步推进长江流域及其周围夏热冬冷地区建筑节能工作，提高和改善该地区人民的居住环境质量，全面实现建筑节能50%的第二步战略目标，国家住房和城乡建设部组织制定了中华人民共和国行业标准《夏热冬冷地区居住建筑节能设计标准》（JGJ 134—2001）（以下简称《节能标准》）已于2001年7月颁布，自2001年10月1日起施行。

2001年11月20日，国家住房和城乡建设部科技司发布“关于实施《夏热冬冷地区居住建筑节能设计标准》的通知”。该通知指出：《节能标准》对夏热冬冷地区居建筑从建筑、热工和暖通空调设计方面提出节能措施，对采暖和空调能耗规定了控制指标，达到了指导设计的深度。各地应当从今年10月1日起施行；同时可结合实际编制《节能标准》的实施细则。

2002年

《排污费征收使用管理条例》

2002年1月30日国务院第54次常务会议通过《排污费征收使用管理条例》，2003年7月1日起施行。该《条例》规定：“县级以上人民政府环境保护行政主管部门、财政部门、价格主管部门应当按照各自的职责，加强对排污费征收、使用工作的指导、管理和监督。”“排污费的征收、使用必须严格实行收支两条线。”《排污费征收使用管理条例》发布施行后，1982年2月5日国务院发布的《征收排污费暂行办法》和1988年7月28日国务院发布的《污染源治理专项基金有偿使用暂行办法》同时废止。

2003年

《关于2003年全国节能宣传周活动安排的通知》

党的“十六大”确立了21世纪头20年全面建设小康社会的宏伟目标，我国能源消费需求将持续增长，节能的战略地位更加突出，节能工作的形式更加严峻，任务更加艰巨。为了不断提高全社会的节能意识，进一步推动我国节能工作的深入开展，促进全面建成小康社会目标的实现，国家发展改革委员会、科技部、广播电视总局、全国总工会、共青团中央委员会定于2003年11月3日至8日，举办“2003年全国节能宣传周”活动。该全国节能宣传周的主题定为：节能与全面建成小康社会。

2004年

《能源中长期规划纲要（草案）》

原国务院总理温家宝6月30日主持召开国务院常务会议，讨论并原则通过《能源中长期发展规划纲要（2004—2020年）》（草案）。

会议认为，能源是经济社会发展和提高人民生活水平的重要物质基础。制定并实施能源中长期发展规划，解决好能源问题，直接关系到中国现代化建设的进程。必须坚持把能源作为经济发展的战略重点，为全面建成小康社会提供稳定、经济、清洁、可靠、安全的能源保障，以能源的可持续发展和有效利用支持我国经济社会的可持续发展。

会议强调，从根本上解决中国能源问题，必须牢固树立和认真贯彻科学发展观，切实转变经济增长方式，坚定不移地走新型工业化道路。要大力调整产业结构、产品结构、技术结构和企业组织结构，依靠技术创新、体制创新和管理创新，在全国形成有利于节约能源的生产模式和消费模式，发展节能型经济，建设节能型社会。

2005年

《关于发展节能省地型住宅和公共建筑的指导意见》

2005年5月31日，国家住房与城乡建设部发布《关于发展节能省地型住宅和公共建筑的指导意见》。该《意见》提出：到2020年，我国住宅和公共建筑建造和使用的能源资源消耗水平要接近或达到现阶段中等发达国家的水平。

具体目标：到2010年，全国城镇新建建筑实现节能50%；既有建筑节能改造逐步开展，大城市完成应改造面积的25%，中等城市完成15%，小城市完成10%；城乡新增建设用地占用耕地的增长幅度要在现有基础上力争减少20%；建筑建造和使用过程的节水率在现有基础上提高20%以上；新建建筑对不可再生资源的总消耗比现在下降10%。到2020年，北方和沿海经济发达地区和特大城市新建建筑实现节能65%的目标，绝大部分既有建筑完成节能改造；城乡新增建设用地占用耕地的增长幅度要在2010年目标基础上再大幅度减少；争取建筑建造和使用过程的节水率比2010年再提高10%；新建建筑对不可再生资源的总消耗比2010年再下降20%。

国务院《关于做好建设节约型社会近期重点工作的通知》

2005年7月，国务院发布了《关于做好建设节约型社会近期重点工作的通知》，强调必须加快建设节约型社会。以提高资源利用效率为核心，以节能、节水、节材、节地、资源综合利用和发展循环经济为重点。

2006年

《民用建筑节能管理规定》（修订）

2006年1月1日，国家住房与城乡建设部《民用建筑节能管理规定》（以下简称《规定》）开始施行。原《民用建筑节能管理规定》（建设部令第76号）同时废止。

该《规定》共30条，对民用建筑节能的定义、发布的意义和目的，以及如何落实民用建筑节能等均提出了具体的要求，这将对全国各地做好建筑节能工作产生深远的影响，起到积极的指导作用。

《规定》明确指出：所称民用建筑，是指居住建筑和公共建筑。所称民用建筑节能，是指民用建筑在规划、设计、建造和使用过程中，通过采用新型墙体材料，执行建筑节能标准，加强建筑物用能设备的运行管理，合理设计建筑围护结构的热工性能，提高采暖、制冷、照明、通风、给排水和通道系统的运行效率，以及利用可再生能源，在保证建筑物使用功能和室内热环境质量的前提下，降低建筑能源消耗，合理、有效地利用能源的活动。建设行政主管部门负责全国民用建筑节能的监督管理工作。

这次发布的《规定》，大力鼓励发展建筑节能新技术和产品、施工工艺、管理技术及可再生能源的开发利用，并详细列出了鼓励发展建筑节能技术和产品的8个方面，这就为推动民用建筑节能工作指出了明确的发展方向。《规定》还对建设单位、工程施工、供热单位、公共建筑所有权人、物业管理单位、房地产开发企业、设计单位及审查机构等都提出了实施建筑节能工作的具体要求。同时，对不按规定进行设计、施工的单位如何给予处罚，确定了具体实施标准。

《国务院关于加强节能工作的决定》

新华社8月31日受权发布《国务院关于加强节能工作的决定》（以下简称《决定》）。《决定》指出，能源问题已经成为制约中国经济和社会发展的重要因素，要从战略和全局的高度，充分认识做好能源工作的重要性，高度重视能源安全，实现能源的可持续发展。

《决定》提出，解决中国能源问题，根本出路是坚持开发与节约并举、节约优先的方针，大力推进节能降耗，提高能源利用效率。必须把节能工作作为当前的紧迫任务，列入各级政府重要议事日程，切实下大力气，采取强有力措施，确保实现“十一五”能源节约的目标，促进国民经济又快又好地发展。

《决定》明确，到“十一五”期末，万元国内生产总值（按2005年价格计算）能耗下降到0.98t标煤，比“十五”期末降低20%左右，平均年节能率为4.4%。重点行业主要产品单位能耗总体达到或接近21世纪初国际先进水平。

《决定》强调，要建立节能目标责任制和评价考核体系。《决定》还规定，建立固定资产投资项目节能评估和审查制度。对未进行节能审查或未能通过节能审查的项目一律不得审批、核准，从源头杜绝能源的浪费。

关于印发《建筑门窗节能性能标识试点工作管理办法》的通知

12月29日，国家住房与城乡建设部印发《建筑门窗节能性能标识试点工作管理办法》。该《办法》所称的建筑门窗节能性能标识是指表示标准规格门窗的传热系数、遮阳系数、空气渗透率、可见光透射比等节能性能指标的一种信息性标识。

2007年

《“十一五”资源综合利用指导意见》

2007年1月16日，国家发展改革委员会发布了《“十一五”资源综合利用指导意见》（以下简称《指导意见》）。《指导意见》在分析我国资源综合利用现状的基础上，提出了2010年资源综合利用目标、重点领域、重点工程和保障措施。

《指导意见》提出：到2010年，我国矿产资源总回收率与共伴生矿产综合利用率在2005年的基础上各提高5个百分点，分别达到35%和40%。工业固体废物综合利用率达到60%，其中粉煤灰综合利用率达到75%，煤矸石达到70%。主要再生资源回收利用率提高到65%，再生铜、铝、铅占产量的比重分别达35%、25%、30%。木材综合利用率由目前60%左右提高到70%左右。

《能源发展“十一五”规划》

2007年4月，国家发展改革委员会发布《能源发展“十一五”规划》，规划中提出：到 2010 年，我国一次能源消费总量控制目标为 27 亿 t 标煤左右，年均增长 4%。煤炭、石油、天然气、核电、水电、其他可再生能源分别占一次能源消费总量的 66.1%、20.5%、5.3%、0.9%、6.8%和 0.4%。与 2005 年相比，煤炭、石油比重分别下降 3.0 个和 0.5 个百分点，天然气、核电、水电和其他可再生能源分别增加 2.5 个、0.1 个、0.6 个和 0.3 个百分点。

《国务院关于印发节能减排综合性工作方案的通知》

2007 年 6 月 3 日新华社授权发布《国务院关于印发节能减排综合性工作方案的通知》。该《通知》提出，要对新建建筑实施建筑能效专项测评，节能不达标的不得办理开工和竣工验收备案手续，不准销售使用。同时，方案还透露中国将适时出台燃油税，研究开征环境税。

《建设部关于落实〈国务院关于印发节能减排综合性工作方案的通知〉的实施方案》

建设部于 6 月 26 日印发《建设部关于落实〈国务院关于印发节能减排综合性工作方案的通知〉的实施方案》。要求各地建设行政主管部门结合本地区实际，认真抓好落实。

在建立政府节能减排工作问责制方面，《实施方案》要求，建立和完善节能减排指标体系、监测体系。首先，要完善城乡建设统计报表制度，强化城镇节约用水、污水处理、垃圾处理和公共交通指标，探索新的数据调查方式。其次，建设部还将制定并实施《民用建筑能耗统计报表制度》《民用建筑能耗数据采集标准》、《"十一五"主要污染物减排统计和监测办法》等一系列标准、办法，进一步改进统计工作方式，完善统计和监测制度。

《民用建筑节能条例（草案）》

原国务院总理温家宝 6 月 27 日主持召开国务院常务会议，决定将《民用建筑节能条例（草案）》向社会公布征求意见。

该《草案》中明确，国家积极推进供热体制改革，完善供热价格形成机制，鼓励发展集中供热，逐步实行按照用热量收费制度。对于新建建筑节能，《草案》规定，实行集中供热的建筑应当安装分户室内温度调控装置，并安装分栋或者分户用热计量装置和供热系统调控装置；对于既有建筑节能，《草案》特别明确，"对实行集中供热的居住建筑进行节能改造，应当安装分栋或者分户用热计量装置和供热系统调控装置”。

《中华人民共和国节约能源法》

10月28日，全国人大常委会表决通过修改后的节约能源法，原国家主席胡锦涛签署主席令予以公布。修改后的节约能源法自2008年4月1日起施行。新的节能法由原来的6章50条增加为7章87条，分别为总则、节能管理、合理使用与节约能源、节能技术进步、激励措施、法律责任、附则。与1998年1月1日开始施行的节能法相比，新的节能法进一步明确了节能执法主体，强化了节能法律责任。

修改后的节能法进一步完善了我国的节能制度，规定了一系列节能管理的基本制度。修改后的节能法进一步明确了重点用能单位的节能义务，强化了监督和管理。在新法中，政府机构也被列入节能法监管重点。

2008年

2008年3月3日，国家发展改革委员会发布了《可再生能源发展“十一五”规划》（发改能源[2008]610号）（以下简称《规划》），《规划》认为，我国的水能、生物质能、风能和太阳能资源丰富，已具备大规模开发利用的条件。因此，加快发展水电、生物质能、风电和太阳能，提高可再生能源在能源结构中的比重，是“十一五”时期我国可再生能源发展的首要任务。

2008年3月29日，国务院印发《国务院2008年工作要点》（国发[2008]15号），其中2008年的一项重要工作就是加大节能减排和环境保护力度，做好产品质量安全工作，主要包括：建立落后产能淘汰退出机制；抓好重点企业节能，提高城镇污水处理能力；大力推进墙体材料革新和建筑节能，开发风能、太阳能等清洁、可再生能源；重点流域水污染防治工作，促进再生资源回收利用；保护和合理利用资源，强化节能减排工作责任制等。

2008年7月10日，住房与城乡建设部发布《关于印发〈北方采暖地区既有居住建筑供热计量及节能改造技术导则〉（试行）的通知》（建科[2008]126号），指导北方采暖地区既有居住建筑供热计量及节能改造工作。

2008年7月16日，交通运输部发布《公路、水路交通实施〈中华人民共和国节约能源法〉办法》（交通运输部令2008年第5号），该办法自2008年9月1日起施行，2000年6月16日原交通部发布的《交通行业实施节约能源法细则》（交体法发[2000]306 号）同时废止。

2008 年 9 月 23 日，交通运输部发出《关于印发公路水路交通节能中长期规划纲要的通知》（交规划发[2008]331 号），以公路、水路运输和港口生产为重点领域，分别确定了 2015 年和 2020 年的总体目标和主要任务，提出了近期重点工程和保障措施。

2009 年

2009 年 1 月 23 日，财政部、科技部发布《关于开展节能与新能源汽车示范推广试点工作的通知》（财建[2009]6 号）。根据国务院关于“节能减排”、“加强节油节电工作”和“着力突破制约产业转型升级的重要关键技术，精心培育一批战略性产业”战略决策精神，为扩大汽车消费，加快汽车产业结构调整，推动节能与新能源汽车产业化，财政部、科技部决定，在北京、上海、重庆、长春、大连、杭州、济南、武汉、深圳、合肥、长沙、昆明、南昌 13 个城市开展节能与新能源汽车示范推广试点工作，以财政政策鼓励在公交、出租、公务、环卫和邮政等公共服务领域率先推广使用节能与新能源汽车，对推广使用单位购买节能与新能源汽车给予补助。其中，中央财政重点对购置节能与新能源汽车给予补助，地方财政重点对相关配套设施建设及维护保养给予补助。

2009 年 1 月 23 日，国务院办公厅发出《国务院办公厅关于治理商品过度包装工作的通知》（国办发[2009]5 号，以下简称《通知》）。为落实《通知》，加快推进治理商品过度包装，国家发展改革委会同有关部门制定发布了《2009 年治理商品过度包装工作安排及部门分工》。

2009 年 2 月 3 日，商务部、环境保护部发布《关于加强外商投资节能环保统计工作的通知》（商资函[2008]88 号）。

2009 年 4 月 17 日，国家发展改革委等 14 部委发布《关于 2009 年全国节能宣传周活动安排意见的通知》（发改环资[2009]989 号），定于 2009 年 6 月 14 日至 20 日，由国家发展改革委等 14 部委联合举办 2009 年全国节能宣传周活动。2009 年全国节能宣传周活动的主题是“推广使用节能产品，促进扩大消费需求”。

2009 年 5 月 18 日，财政部、国家发展改革委员会发布《关于开展“节能产品惠民工程”的通知》（财建[2009]213 号），决定安排专项资金，采取财政补贴方式，支持高效节能产品的推广使用。“节能产品惠民工程”采取财政补贴方式，将加快高效节能产品的推广，一方面有效扩大内需特别是消费需求，另一方面提高终端用能产品能源效率。为加强财政资金管理，财政部制定了《高效节能产品推广财政补助资金管理暂行办法》。同时，财政部、国家发展改革委联合发布了《关于印发〈“节能产品惠民工程”高效节能房间空调推广实施细则〉的通知》（财建[2009]214 号），对能效等级为 1 级或 2 级房间空调器按制冷量分四档给予补助，其中 1.5 匹每台分别补助 550 元、350 元，并设定了推广上限价格，使高效节能空调符合经济适用原则，让广大消费者得到更多实惠。

2009 年，我国正加快出台能源计量法规标准促进节能减排。国家质检总局将按照节约能源法的要求，抓紧出台《能源计量监督管理办法》，为能源计量工作的顺利开展奠定法律法规基础。同时，深入开展能源计量器具配备和管理情况的监督检查，提高能源计量器具的配备率、受检率和检定合格率，在全面推动冶金、有色、电力等重点耗能行业能源计量器具配备管理要求的基础上，推动煤炭、纺织、建材、造纸等行业的能源计量器具配备和管理相关标准的出台。积极开展节能降耗服务，鼓励有条件的技术机构深入企业，帮助企业开展能源审计以及对重点耗能设备、重要耗能生产工艺、重点耗能产品的能效测试工作，帮助企业制订节能措施，提高能效水平。

2010 年

2010 年 4 月，工信部发布《关于进一步加强中小企业节能减排工作的指导意见》，要求加快提高中小企业节能减排和资源综合利用水平，将加大财政资金支持力度，建立完善中小企业节能减排融资机制。

2010 年 4 月，国家发改委、财政部、中央银行、国家税务总局联合发布《关于加快推行合同能源管理促进节能服务产业发展的意见》，要求充分认识发展节能服务产业的重要意义。

2010 年 5 月，国务院发布《关于进一步加大工作力度确保实现“十一五”节能减排目标的通知》，再次重申“十一五”节能规划目标，要求把节能减排放在更加突出的位置。

2010 年 5 月 31 日，财政部、科技部、工业和信息化部、国家发展改革委《关于扩大公共服务领域节能与新能源汽车示范推广有关工作的通知》。在现有 13 个试点城市的基础上，增加天津、海口、郑州、厦门、苏州、唐山、广州 7 个试点城市。财政部、科技部、工业和信息化部、国家发展改革委将组织对新增城市试点方案进行论证，批复后正式实施；根据试点城市实施方案和资金申请，财政部通过省级财政部门将示范推广补助资金预拨给试点城市；试点城市财政部门根据节能与新能源汽车实际推广情况，按规定标准据实拨付补助资金。

2010 年 9 月，国务院常务会议通过《国务院关于加快培育和发展战略性新兴产业的决定》，节能环保纳入七大新兴产业之一，享受专项财政资金支持等一系列优惠政策。

2010 年 9 月 17 日，国家发展改革委员会依据《中华人民共和国节约能源法》和《国务院关于加强节能工作的决定》，为加强固定资产投资项目节能管理，特制定《固定资产投资项目节能评估和审查暂行办法》（第 6 号），现予发布实施。

2011 年

2011 年 7 月 20 日，国家发展改革委办公厅、财政部办公厅《关于进一步加强合同能源管理项目监督检查工作的通知》。请各地节能主管部门会同财政部门立即组织对本地区已支持的合同能源管理项目进行自查，严格按照财政部印发的《合同能源管理财政奖励资金管理暂行办法》（财建[2010]249 号）、《国家发展改革委办公厅、财政部办公厅关于财政奖励合同能源管理项目有关事项的补充通知》（发改办[2010]2528 号）等文件的相关要求，对项目的真实性、节能量、技术经济指标、合同签订时间、项目改造内容等进行认真审查和现场核查。请各地节能主管部门、财政部门严格按照《合同能源管理财政奖励资金管理暂行办法》（财建[2010]249 号）的要求，于每季度结束 10 日内，将本地区合同能源管理财政奖励资金安排使用情况季度统计表、新安排项目的基本情况表、合同复印件以及第三方节能量审核报告复印件及时报送财政部、国家发展改革委。

2011 年 9 月 7 日，国务院关于印发《“十二五”节能减排综合性工作方案的通知》。提出要坚持降低能源消耗强度、减少主要污染物排放总量、合理控制能源消费总量相结合，形成加快转变经济发展方式的倒逼机制；坚持强化责任、健全法制、完善政策、加强监管相结合，建立健全激励和约束机制；坚持优化产业结构、推动技术进步、强化工程措施、加强管理引导相结合，大幅度提高能源利用效率，显著减少污染物排放；进一步形成政府为主导、企业为主体、市场有效驱动、全社会共同参与的推进节能减排工作格局，确保实现“十二五”节能减排约束性目标，加快建设资源节约型、环境友好型社会。到2015年，全国万元国内生产总值能耗下降到0.869 t标煤（按2005年价格计算），比2010年的1.034 t标煤下降16%，比2005年的1.276 t标煤下降32%；“十二五”期间，实现节约能源6.7亿t标煤。2015年，全国化学需氧量和二氧化硫排放总量分别控制在2 347.6万t、2 086.4万t，比2010年的2 551.7万t、2 267.8万t分别下降8%；全国氨氮和氮氧化物排放总量分别控制在238.0万t、2 046.2万t，比2010年的264.4万t、2 273.6万t分别下降10%。

2011年12月7日，发改委《关于印发万家企业节能低碳行动实施方案的通知》。强调各地节能主管部门会同统计等相关部门按照《方案》规定的万家企业范围，审核提出本地区纳入万家企业节能低碳行动的企业（单位）名单，并根据本地区万家企业节能量目标和各企业的具体情况分解确定每个企业“十二五”节能目标。

2012年

2012年2月1日，为贯彻落实《中华人民共和国节约能源法》和国务院《“十二五”节能减排综合性工作方案》，引导企业采用先进的节能新工艺、新技术和新设备，提高能源利用效率，促进“十二五”期间节能减排目标的实现，拟于近期开展《国家重点节能技术推广目录（第五批）》的编制工作。推荐技术范围：煤炭、电力、钢铁、有色金属、石油石化、化工、建材、机械、纺织等工业行业，交通运输、建筑、农业、民用及商用等领域的节能新技术、新工艺。《国家重点节能技术推广目录（第一批）》（国家发展改革委公告2008年第36号）、《国家重点节能技术推广目录（第二批）》（国家发展改革委公告2009年第24号）、《国家重点节能技术推广目录（第三批）》（国家发展改革委公告2010年第33号）、《国家重点节能技术推广目录（第四批）》（国家发展改革委公告2011年第34号）已公布或全行业普及率在80%以上的技术不在推荐范围之内。

2012年6月22日，国家发展改革委、国家标准化管理委员会近日启动百项能效标准推进工程。该工程重点围绕支撑高效节能产品推广、节能评估审查制度、万家企业节能低碳行动、绿色建筑行动、淘汰落后产能等重点节能工作，发布100项重要节能标准，重点是终端用能产品能源效率标准和单位产品能耗限额标准。

2012年8月12日，国务院关于印发《节能减排“十二五”规划的通知》，提出到2015年，全国万元国内生产总值能耗下降到0.869 t标煤（按2005年价格计算），比2010年的1.034 t标煤下降16%（比2005年的1.276 t标煤下降32%）。“十二五”期间，实现节约能源6.7亿t标煤。2015年，全国化学需氧量和二氧化硫排放总量分别控制在2 347.6万t、2 086.4万t，比2010年的2 551.7万t、2 267.8万t各减少8%，分别新增削减能力601万t、654万t；全国氨氮和氮氧化物排放总量分别控制在238万t、2 046.2万t，比2010年的264.4万t、2 273.6万t各减少10%，分别新增削减能力69万t、794万t。

2012年11月28日，国家发展改革委、国家认监委《关于加强万家企业能源管理体系建设工作的通知》。提出万家企业能源管理体系建设的目标是，到“十二五”末，万家企业基本建立符合《能源管理体系要求》（GB/T 23331）要求的企业能源管理体系，在企业内部逐步形成自觉贯彻节能法律法规与政策标准，主动采用先进节能管理方法与技术，实施能源利用全过程管理，注重节能文化建设的长效节能管理机制，做到节能工作持续改进、节能管理持续优化、能源利用效率持续提高。各省级节能主管部门要结合当地实际情况，制定辖区内万家企业能源管理体系建设推进计划，强化工作措施，推动万家企业加快建立健全能源管理体系。要总结最佳实践和典型案例，组织开展能源管理体系建设经验交流活动，通过现场会、研讨会等形式，推广能源管理体系建设与实施经验。要充分发挥行业协会专业优势，为企业能源管理体系建设提供技术支持。各级地方节能主管部门要组织具备相应能力的咨询机构为企业能源管理体系建设提供培训、指导和咨询服务。咨询机构应具备为企业开展能源管理体系培训、指导等服务的专业人员、技术水平和工作能力。

2013年

2013年1月30日，为引导半导体照明节能产业健康有序发展，促进节能减排。国家发展改革委、科技部、工业和信息化部、财政部、住房与城乡建设部、国家质检总局联合编制了《半导体照明节能产业规划》。2013年2月17日国务院办公厅关于《加强内燃机工业节能减排的意见》，提出到2015年，节能型内燃机产品占全社会内燃机产品保有量的60%，与2010年相比，内燃机燃油消耗率降低6%～10%，实现节约商品燃油2 000万t，减少二氧化碳排放6 200万t，减少氮氧化物排放10%，采用替代燃料节约商品燃油1 500万t；培育一批汽车、工程机械用发动机等再制造重点企业；实现高效节能环保型内燃机主机及其零部件生产制造装备的国产化、大型化；建立内燃机产品节能减排政策法规和标准体系。

2013年5月20日，建立完善温室气体排放统计核算制度，加强应对气候变化统计工作，对于确保实现单位国内生产总值二氧化碳排放约束性目标，有效履行控制温室气体排放等国际义务具有重要意义。根据国务院第89次常务会议、《国民经济和社会发展第十二个五年规划纲要》和《"十二五"控制温室气体排放工作方案》(国发[2011]41号)的有关要求，国家发展改革委会同国家统计局制定了《关于加强应对气候变化统计工作的意见》。

2013年8月12日，国务院印发了《关于加快发展节能环保产业的意见》。提出要加快节能技术装备升级换代，推动重点领域节能增效；提升环保技术装备水平，治理突出环境问题；发展资源循环利用技术装备，提高资源产出率；创新发展模式，壮大节能环保服务业。

2013年10月15日，国家发展改革委办公厅关于印发《首批10个行业企业温室气体排放核算方法与报告指南（试行）的通知》供开展碳排放权交易、建立企业温室气体排放报告制度、完善温室气体排放统计核算体系等相关工作参考使用。

2013年11月18日，为积极应对全球气候变化，统筹开展全国适应气候变化工作，国家发展改革委、财政部、住房与城乡建设部、交通运输部、水利部、农业部、林业局、气象局、海洋局联合制定了《国家适应气候变化战略》。

2014年

2014年1月6日，根据《中华人民共和国节约能源法》、《国务院关于印发"十二五"节能减排综合性工作方案的通知》(国发[2011]26号)、《国务院关于印发"十二五"控制温室气体排放工作方案的通知》（国发[2011]41号）、《国务院关于加快发展节能环保产业的意见》（国发[2013]30号）规定和要求，为加快节能低碳技术进步和推广普及，引导用能单位采用先进适用的节能低碳新技术、新装备、新工艺，促进能源资源节约集约利用，缓解资源环境压力，减少二氧化碳等温室气体排放，发改委制定了《节能低碳技术推广管理暂行办法》。

2014年1月13日，国家发展改革委关于《组织开展重点企（事）业单位温室气体排放报告工作的通知》。纳入报告名单的重点单位根据自身实际排放情况，报告二氧化碳（CO_2）、甲烷（CH_4）、氧化亚氮（N_2O）、氢氟碳化物（HFCs）、全氟化碳（PFCs）、六氟化硫（SF_6）共6种温室气体的排放。

2014年4月30日，国务院办公厅关于印发《大气污染防治行动计划实施情况考核办法（试行）的通知》。考核指标包括空气质量改善目标完成情况和大气污染防治重点任务完成情况两个方面。空气质量改善目标完成情况以各地区细颗粒物（$PM_{2.5}$）或可吸入颗粒物（PM_{10}）年均浓度下降比例作为考核指标。京津冀及周边地区（北京市、天津市、河北省、山西省、内蒙古自治区、山东省）、长三角区域（上海市、江苏省、浙江省）、珠三角区域（广东省广州市、深圳市、珠海市、佛山市、江门市、肇庆市、惠州市、东莞市、中山市等9个城市）、重庆市以$PM_{2.5}$年均浓度下降比例作为考核指标。其他地区以PM_{10}年均浓度下降比例作为考核指标。大气污染防治重点任务完成情况包括产业结构调整优化、清洁生产、煤炭管理与油品供应、燃煤小锅炉整治、工业大气污染治理、城市扬尘污染控制、机动车污染防治、建筑节能与供热计量、大气污染防治资金投入、大气环境管理等10项指标。各项指标的定义、考核要求和计分方法等由环境保护部商有关部门另行印发。

2014年5月15日，国务院印发了《2014—2015年节能减排低碳发展行动方案的通知》。该《通知》提出：单位国内生产总值（GDP）能耗和二氧化碳排放量降低、主要污染物排放总量减少的约束性目标，但2011—2013年部分指标完成情况落后于时间进度要求，形势十分严峻。为确保全面完成“十二五”节能减排降碳目标，制定本行动方案。工作目标：2014—2015年，单位GDP能耗、化学需氧量、二氧化硫、氨氮、氮氧化物排放量分别逐年下降3.9%、2%、2%、2%、5%以上，单位GDP二氧化碳排放量两年分别下降4%、3.5%以上。其中包括：加快发展低能耗低排放产业。加强对服务业和战略性新兴产业相关政策措施落实情况的督促检查，力争到2015年服务业和战略性新兴产业增加值占GDP的比重分别达到47%和8%左右。加快落实《国务院关于加快发展节能环保产业的意见》（国发[2013]30 号），组织实施一批节能环保和资源循环利用重大技术装备产业化工程，完善节能服务公司扶持政策准入条件，实行节能服务产业负面清单管理，积极培育“节能医生”、节能量审核、节能低碳认证、碳排放核查等第三方机构，在污染减排重点领域加快推行环境污染第三方治理。到2015年，节能环保产业总产值达到4.5万亿元。

调整优化能源消费结构。实行煤炭消费目标责任管理，严控煤炭消费总量，降低煤炭消费比重。京津冀及周边、长三角、珠三角等区域及产能严重过剩行业新上耗煤项目，要严格实行煤炭消耗等量或减量替代政策，京津冀地区2015年煤炭消费总量力争实现比2012年负增长。加快推进煤炭清洁高效利用，在大气污染防治重点区域地级以上城市大力推广使用型煤、清洁优质煤及清洁能源，限制销售灰分高于16%、硫分高于1%的散煤。增加天然气供应，优化天然气使用方式，新增天然气优先用于居民生活或替代燃煤。大力发展非化石能源，到2015年非化石能源占一次能源消费量的比重提高到11.4%。

2014年5月31日，国家认监委国家发展和改革委员会关于联合发布《能源管理体系认证规则》的公告。

附录 2　中国外商直接投资促进节能减排的相关政策

2008 年 10 月 20 日，商务部印发了《关于推动外商直接投资企业开展节能减排工作的若干意见》。意见中明确指出：

一、积极调整外商直接投资产业结构

（一）加强引导外商直接投资。各级商务主管部门在招商选资工作中，要坚持节能减排和发展循环经济的理念，积极引导外商直接投资于新技术、新材料、新能源领域，大力发展高新技术产业和现代服务业，加强产业规划，引导产业集聚，加强产业生态建设，逐步提高高新技术产业和现代服务业在全国吸收外资总量中的比重。

（二）鼓励外商投资发展节能环保产业。鼓励外商在高效产品制造、节能设备与技术、污染防治设备、垃圾资源化利用和水资源节约利用等领域进行投资，发展循环经济项目，构建企业间的产业生态链网，提高资源、能源的梯级循环利用效率。

（三）严格控制外商投资“两高一资”产业。严格控制外商投资新建、扩建高耗能、高排放和资源消耗型项目，加强节能减排源头管理。对节能减排重点行业内的外商投资项目，要实行能耗和排污指标否决制度。要注重新建项目与淘汰落后产能有效结合，推动水泥、电力、钢铁、电解铝、电石、焦炭、造纸等行业内的落后设备、产能按期淘汰。

二、发挥外商投资企业节能减排主体作用

（四）提高外商投资企业节能减排装备和技术水平。积极推动外商投资企业率先优化生产设备、工艺和流程，鼓励企业加大节能减排和环保技术的研发力度，在污染排放达标基础上，进一步削减污染物排放量，提高企业工业水重复利用率、工业固体废弃物综合利用率等环保指标。

（五）推动外商投资企业环境管理体系认证。推动企业环境管理体系认证工作，根据重点行业清洁生产标准和评价指标体系，积极开展清洁生产审核工作，提高

通过清洁生产审核验收的外商投资企业比例。

三、推动外商投资企业节能减排创新活动及应用

（六）鼓励外商投资企业科技创新。鼓励外商投资企业加大研发投入，提升技术、工艺和产品水平。通过设立研发中心等方式，开展创新活动，推动国内整体产业自主升级。对外商投资企业及研发机构通过技术、工艺和产品创新促进节能减排的项目，商务和环保主管部门要积极推动，加快办理有关审批手续。

（七）支持外商投资企业与我国科研机构合作。支持外商投资企业与科研机构合作开展节能减排科技研究、产品开发和技术改造，集中力量对具有全局性、普遍性和关键性的技术问题进行攻关和示范推广，推广应用一批发展潜力大、应用面广的新技术、新设备、新材料和新工艺。

四、加强外商投资企业环保监督管理

（八）加大政策引导和调控力度。各级商务主管部门和环境保护部门要加强沟通配合，严格执行国家建设项目环境影响评价制度，涉及建设项目的外商投资企业设立应办理环境影响报告批准手续。在审批和联合年检环节加大对节能环保指标的审核力度，对环保设施建设未与主体工程“三同时”、未按规定通过环保竣工验收和领取排污许可证、环保设施未正常运转的已设立外商投资企业，在其纠正违法违规行为之前，不得办理后续变更手续，不得通过联合年检。

（九）加强“两高一资”项目的环保监督管理。对现有大中型外商投资“两高一资”项目，要重点监控和严格核查，加大对违规违法行为的惩罚力度，切实保证各项环保措施的落实，推广节能减排技术和设备的应用。

（十）加强产业转移中的环保监督管理。在国家区域协调发展战略框架下，指导外商投资符合国家总体环境保护战略。在引导外商投资产业由东部地区向中西部地区转移过程中，要严格控制污染的转移，坚决杜绝“先污染后治理”。

五、积极推动外商直接投资节能减排中介服务和示范宣传

（十一）发挥节能环保专业中介机构作用。积极引进国外专业节能机构，与国内咨询服务机构进行能源管理合作，利用国外先进技术对建设项目的投资、设计、

施工、监测和管理提供一条龙服务。鼓励对重点耗能排污企业进行诊断，制定科学合理的节能减排方案。

（十二）积极推动示范宣传工作。积极组织外商投资企业之间或与国内企业进行各种形式的信息沟通和经验交流，推广外商投资企业节能减排的成功经验，对节能减排方面表现优秀的可给予奖励和报导，培育一批污染物排放少、资源利用率高、经济效益显著的外商投资节能减排示范企业，发挥其示范和带动作用，加大外商投资节能减排推广和宣传工作力度。

2009 年 2 月 19 日，商务部、环境保护部印发了《关于加强外商投资节能环保统计工作的通知》。通知如下：

一、自发布之日起，各地商务主管部门在办理外商投资企业设立和变更时，须要求企业提交环保审批的环境影响评价文件。

二、各地商务主管部门应根据企业提交的文件在外商投资企业审批管理系统中填报增设的环保指标。

三、外商投资企业办理设立手续时，应根据环保部门审批的环境影响评价文件填报相关指标数据；外商投资企业办理变更手续时，应填报企业当期实际完成指标数据。